明清科考墨卷集

第三十三冊

卷九十七
卷九十八
卷九十九

林祖藻 主編

蘭臺出版社

第三十三冊 卷九十七

臧文仲其竊位者與知柳下惠之賢而不與立也 丁丑

衡大夫以竊位於其蔽賢棄之也夫文仲之不與惠立為已事矣夫子則不欲以之蔽之之實也故直以竊位棄之子曰凡大臣當國期于稱其職而已惟在位胥喻休休之雅斯盛位克稱赫赫之光故雍容紳笏間未易遽言無愧也如我魯之有卿位自建國已來早為招賢而設元非謂可專任者遂可私據也以臧氏之於魯在卿之列久為世祿之家究不謂可世及者亦可冒居也嗟乎皇皇天爵不供非據之乘籍籍虛聲無補空儀苟若臧文仲者名不可誣事不可欺自今思之竊位者與

一仲在魯譽滿人口誰則議其位者文仲在位動羣僚誰
落下截老　下截　反
則知其竊者然第觀其待柳下惠之事而知之矣惠不賢而後
峯頓出當日追論之情元只加此不獨文有曲折
可也仲不知惠之賢而後可也仲知其賢即與之立而後可也
截再決發然此段作唱嘆看
令日者三筴尚炳丁卿府三黜留恨于士林直道作名山之藏
折挫
無駭鮮後昆之澤魯人豈不為展氏惜然尚未必深維當日情
事一為臧氏愧也循今而責實抉微而闡幽夫非吾黨事與
文仲之位豈文仲所有固忠于國者所有耳誠優游鍾呂之娛
而坐視草茅之逸獨不念爵無常玩乎謂展氏自薄遭逢託言
功名有命吾亦深許而第使臧大夫以風流才畧為高不以推

故活節氣乃愈緊兩意句一一花

賢進能為重則吾不知其置身何等矣況文仲之位已非文仲所恁有故惟恐其遂為賢者有斥彼外負知人之名而陰忌高材之逼寧能謂人君不察乎即文仲昧于藻鑑坐致達士湮沉尚為尸職而今令魯史氏譏以持衡不精才可諒以擯而不惠又不可則吾不知其置評安在矣夫惠已矣臧孫陞矣獨不能去其位之玷而沒其竊之實然則有位者宜鑒也

題之非□棘手然甑偏之亦有數端注中不揭其位自是竊字本義然玩通章針灸處自在一知字得竅謝氏之說雖非注所主而當月忠論之神誅姦發潛即注中如盜得而

陰據此等　當亦存一曲蓋〻然以尸位之說為未盡而誅意處語過尖刻又與聖言氣象不侔欲無用之又似作兩重發書有〻併之迹一泥直用東門子居等事硬是近于呆相然如近人憑虛架構如字甚至以惠之和仲之知兩下對〻則似知柳下惠之賢一句當日竟是臆斷較之直書三筴等語者豈只齊亦未淂而已二也首句詩一意自下二句乃其實案然于講下即將過首句直至點出全題之後方再發的未為正式而竟欲先發首句則〻無可着手宜即如題順講使首句不空而漸次敘置又類連營而下三也　但偶論題遂疑

處。以飄閒作鬆筆。於為其數字摹神處。則以反掉作活筆。而下二句。自在心口歷歷之中。至於竊位字敲實文仲則前說已足。

臧文仲其竊位者與　丁丑

聖人衡居位者、而為其位難之焉、夫文仲之顯名幸以位耳、而夫子則曰不以位觀之則可以其位觀之則竊也且甚哉名與器之不與人留餘地也往往以負聲華崇尊哈之人而追諸者一進覘之所居之地而令人惡然難解此在當時固應默自愉之乃一經指明而大難堪矣有如先大夫臧文仲世有其居

不知賢則不仁

位之知吾嘗即其居蔡一事以燕其智蓋不是稱也雖然此論其人矣猶未及乎其位也有史未定之日衆口不得當只評常高與圖吾君者何職乎夫人情嬰庭陛之重則循名責實之

也生古人所以當拜爵矣蓋耳文宣數世以來清議亦當有
定論當日推為掌國鈞者誰氏乎夫臣子處股肱之切列頌名
思義一念深古人所以寤中夜而感涕爾夫使文仲不得其位
則可使文仲遂不有其位則亦可而文仲固儼然居於位也固
依然終有其位也迄於今人猶相與安之曰赫赫爾位之臧文
仲也噫嘻臧文仲其竊位者歟夫謂非其有而取之者竊也此
其類似過嚴而其間亦有辨在偏甚小術爭遂以忌人之有鈞
乱以快己之求此附於竊之例而特不以竊名者也君子遠覽
乎褊心小器之為害而區區者祇分陰擾之餘則第隨事而求

臧之者公卿大夫患得而畢遂其得患失而巧彌其失此逸無竊之迹而亦未有以竊擬者也君子深觀于國計人心之所係而隱隱中別有推見之條則直同類而共笑之君子論人當爲後法以今日久將論定之餘宜爲凡百有位作之鑒[illegible]以至爲學顏之名爲昔人一衷其處身之地若使予得生賜之仲同時見其行事吾第嬈問大夫何不深思此位也彼文仲當亦善處矣君子論事宜勘實錄以今日往不可追之後難爲舊有位人寬其責矣故不惜以重昆貽羞之歸爲我魯一門矣衆戒之誤詒使文仲當今日而尚在及於執政等但告人曰臧

（故來風作伸筆圓潤淡宕正爲長）

狥不得為竊位者乎茲文仲豈不庶有多歟夫位國所賴
（乃直射入不作中其要）
也君所恃也義固不可竊然必其竊之而不自安而後請其爵
位之本由此可立如其安之則吾不知其所終極矣故吾句之
論文仲猶未合其位而言之也

通章題只須勘下二句而竊字已不言而可見今既截去下
二句則竊字自當尋波溯瀾通章題只以之句也字映帶之
其歟字回環合包即已神致如生今只有本句則其字者歟
字更當目覷手揣然重為竊字作波則莊列之恣肆而非聖
言平正之體重為其歟字摹神羌無實際今於為竊字作說

臧文仲其竊位者與

王李勳

非所據而據焉聖人爲魯大夫媿之也夫位也者君子之器也竊也者小人之尤也如臧文仲非其可媿之甚者歟且國家以名器爲重惟其公不惟其私而或有意焉以陰據之因而聲施赫奕咸謂其居之無媿容矣乃一爲之深窺其隱而知其有不堪出與天下相見者顧儼然而就列於朝也吾魯臧文仲者世家貴冑詎乏聲華宗國鄉材亦傳嘉績一時耳目所驚耀者夫非以其位也哉雖然位堪榮位尤堪辱夫位亦安見爲辱者傾精白罔彈於夙夜赤芾徒耀於班聯榮也而辱矣不稱不遂豈第爲之詠鵜梁位可貴位尤可賤夫位

亦安可謂賤者顧在公勿嚴夫三德退食徒戀夫五紽貴也而賤矣素食素飧豈但為之賦河水今夫閭巷之間細人之行苟一物取非其有莫不辱之賤之不復與齒謂人稍知恥即未有甘於竊者（只摘數字獨見清古）獨柰何以士大夫而不思自反直蹈於此如臧文仲者其竊位者歟慎簡出自朝廷謂久膺鞶帶盡從千乘希寵中來文仲殊不若是庸然而（托起一層）有難為諱者矣（正[illegible][illegible]意備本旨）進思退思當以何者蒙上賞豈國家梁棟之任竟舍我其誰乎蓋其於位也持之甚固邀天之倖待未敗露焉爾抑祿傳之祖父謂秉此國鈞直與持權怙埶者等文仲似不若是鄙然而消難致詰者矣有禮無禮當以何者事君公豈川岳精靈之鍾信生是（輕掠如風吹）

云使獨乎蓋其於位也護之甚堅越至於今遂未覺察焉爾是故作僞器縱逆祀吾嘗譏文仲之不智猶言之也夫文仲豈真不智者彼（恰○拔○下○知○字○）夫三筴書言卿用釋慝於清議而心之難自安也固已彰矣夫闕之廢妾之織吾並數文仲之不仁此猶其小者也夫文仲豈但不仁（用○范○註○恰○醒○本○面○）者彼夫犒師受命曾用紓難於一時則心之所負疚也亦大著矣蓋惟有竊位者故有以小終者柳下惠之遺逸吾實爲臧孫恥之而彼且靦然生專其位沒謚爲文吾故揭之以婉（古節○）夫爲人臣之知賢而不舉者

本房加批

骨力嶒峻神采飛揚其渾含處更如奇花初胎超然塵壒之表

臧文仲其竊位者與　王朝翰

著竊位之稱以儆有位難為魯大夫恕矣夫文仲在莊治莫有非之
者夫子直斷以竊位則其有媿斯位已久耳且人臣以勤於其位為
忠則自靖不難於交惎至以安於其位為倖則自固轉見其可危錫
鞶帶以升而賂焉有托則詐望者亟殷耳功名之際心跡昭焉正不
得謂守位者足飾譽於一時而亦或議其後焉者也何則大典不可
以干章服所加權名實以命之矣夫名以者君於內省之資也在
豈必盡督責之能及治而要自此身為議所居名器不可以假風聲
浙位背胡然以聽之矣夫朝野者風皮之地也史氏豈必盡論

宜亦可也而要予後人太息[illegible]作慈[illegible]能無異於臧文仲焉夫

取○題○虛字

文仲之在位也聖智流譽動紳[illegible]勤豈但[illegible]衮[illegible]後留忠蓋之遺抑

且文獻同時繫社稷之重宜哉魯人至今傳之不朽乎顧吾謂文仲

斷○拍○住

名自在當世而其所難處心者猶無如其位何也人臣而誠於事君

凡可致之君者舉無不達[illegible]賓之凡以準乎其位焉耳而文仲能乎

材力可以集譽精白未必足以守官君子之馬耶君子之車耶夫寧

寫○非○其○有○夢○奐

曰非大夫之闕且多者也而隱忍三事之班畢以鶩心於榮寵也已

緣○凰○流

久與人共而忠於謀國凡有光於國者要無不性命視之席幾慊於

其位焉耳而文仲能乎言之可行國華中藏未必堪喻衆志邦之榮

試硃卷　丁丑科

懷乎邦之隍杌乎豈不曰惟大夫之慶與殆者也而委蛇羣寮之右得毋負疚於朝列也難已與則如所謂竊位者亦幾謂文仲萬不至此相詬病也而詎意其即此是也在今日破庸人之見而竊位已往徒寄慨嘆於史傳紀載之餘設當備卿時我君公體察物情竟將援鷹鸇鷦鴝之逐於位而嚴其課文仲其安能強辭而免之在吾鄙持論斷之公而名位垂庥一亦摘發於人之傳聞之外設方專政日我國人過議執政直謂懷蜂蠆之毒於位而濟其私文仲其安能剖懷而之嗟乎負人倫之望失祀從私以知國當君國之權受命僭歸之使甚小非在位之文仲乎是亦所細知知之

中幅本意已盡未用往復之致歎

亦新義獨出

運用

都非巾箱讚賞

對立切

觸手皆鮮

試硃卷

丁丑科

太原加批

引書助文極筆端之良工

臧文仲其竊位者與

王錦霆

聖人揭魯大夫之隱而直指爲竊位焉夫位者國之公器而陰擬焉則竊矣乎以此揭文仲之隱亦誅意之微旨也夫嘗思人臣居位當公忠以爲國計豈得身圖自利而第以位爲己有哉若乃懷猜忌之私衷據榮高之要路雖梯榮已从而清議難逃君子正不妨直刺其心而使其罪之莫可逭先大夫有臧文仲藉先世之勛袥漢郎之政名籍籍狂儔間孰則謂其不堪此位者雖然仲之位吾魯之樞位也其職爲才畯所趨蹌則貴以坦白無私者表風裁於政府其權爲此濟所仰望更當以大公無我者布心腹於廟堂

斯位所以當之不愧也而文仲豈其然嘗見草莽之中有人焉潮（置身○處字○含蓄○神○似○方○哉）寡審之術以探人之隱囊而又恐其伺隙而攻之也狀貌不勝其睢盱而揣摩之謀蓋家藏取之非所有則皇皇如失行藏正不墳言莫又見邊陲之上有人焉肆剽掠之維以盜人之蓄聚而又恐其乘機而奪之也心忍不勝其輾轉而防維之力彌堅蓋據之欲其安則默默自持隱曲并藏彌愉矣是所謂竊也而文仲不如是（而以下○立言○稿○影○）與思國之術定者後裨實蕭襲公叔稱文彼晉衛之臣正以位不容虛擁耳文仲謀其審此而居上卿之列而第懟跪圭繫組以身握（刺○骨○）夫重權縱書筴請辭衆亦欲其雍望而肺腑悉容身之地是位直

包之蓋也既國之無定者亦位亂叔釋因子皮授政彼[illegible]
亦以位莫可自封耳文仲其能毋耶叨分族之榮而雖欲帶寵收
休以獨誇其門第縱矣魚取鄉世猶排以先烈而神明無爭席之
時果位從蒙之恥也或冒仲祖長之炎急君之難似亦克稱其位
者然此特循分之恆耳大臣休休有容其量十世其量百世功名
原不必自尊文仲於位不曰厚責則司名爵周存亡而取之一體
斷之私也而鳥得援惓惓之納勞瀝誠精白抑謂仲承命不進守
業不辭似更無負乎位者然此亦保家之素耳執政師師共濟公
國忘私君爾忘身恩怨並不發所出文仲于位非為持祿即為[illegible]

嗜藝機鍵……錢甚……論

交恃大力而負之一樂人之技也而能勿以趨趨之車乘貽笑乎

閉蔽曠厥位者其罪小吾不過責之曰尸而私其位者其罪大吾

直可目之曰竊蓋知賢不舉文仲終以位為累也夫

步步從頂門下針自得來到巳卷之妙思清華使竊氣橫秋

臧文仲 汪一

臧文仲其竊位者與　　第二名　方汝謙

揭擬位之私、聖人有以窺其深矣。夫文仲固世所謂稱其位者也。夫子以竊位揭之、所以発其隱也。嘗思善處權勢者、為天下用而不為一己用者也。為天下用者、内副乎權勢之寔、而外搏不避其權勢之名、其心跡原自彰彰也。

文懸直于意言外人

惟不有其寔、則不避之名、必帰之藉所恁之厚、為陰擬之私、而其心始不可究詰矣。魯有臧文仲者、豈非先大夫之善守位者哉。丰采著于列国、賢士大夫不敢以才名相擬、而一時之闘望悉帰仲也。因得以才力之雄自任、其縱恣而天下亦遂相驚于芳分、而未刺究其隱微。勞勤駕于諸卿、少年

爽以心為人明

魁卷

新進不敢與老成並抗而国家之事權不移仲也因是以信任之

專獨仲其裁制而天下亦遂相震于崇高而未剗絕其畏曲自吾

論之仲非無所樹立者然而失其大則其小者不足紀也知其微

則其顯者不足稱也（今有下句）權自我操持求術而忘其負托之重鈞唯獨

秉後焉舉而不知物望之深意其竊位者與且吾亦習聞古大臣

之風也終身一官而非私植綜庶司而非倖國家方須學頌德列

尸祝以分俎豆之榮而當其身并無有位之見者存蓋惟有著于

其位之木而（宕逸復竟有致）復有大于其位之量此係累之私所以化也而不然

者溢典縱加錫矣而抑念當年之希榮固寵濟居為何等私此亦

弭華之所不及窺者與吾亦習聞古大邑之烈也功自已出而不尸其功名自已成而不立其名同家方告廟門禋錫山川以為茅土之胙而當其身卉無位之說者存蓋惟有周乎其位之畧而又有急乎其位之心此光寵之胄所以貴也而不然者盟府繼載績矣孔抑思當年之養尊處優所戢為何事乎當亦史氏之所不及究者矣功與利並域而居而急功之與趨利異其迹而不異其心迫利者之易為窺不同急功者之難于測也仲也借地望以濟其扶牆微至氣像鬱陽茂而何在推公輔之膚擲聲象以逞其奸而雄其為股肱之德煌煌魯廷之上猶以臧氏顯也哉則即當干之澌已為清議所必嚴

見々筆々俱佳

而何妨與寶玉大弓同識覬覦權與術相逼而乘而持術之與攬
權同其用而不同其與攬權者之害已著不若持術者之害未彰
也仲也托虛公而掩過何徒為三策之藏借罔利以行私不僅在
六關之廢赫々名卿之列竟以仲氏與也哉則即其隱秘之私已
為春秋所必黜豈尚堪與史魚公叔並著芳徽知柳下惠之賢而
不與立而謂文仲為稱位也哉
文仲攬權恃勢不稱其位心事亦不易知故夫子特為揭出以
為有位者諷篇中層々含有下文官止神行淡雲籠月允稱清
真之作

臧文仲其竊位者與

第十名 方春熙

以竊位譏魯大夫春秋誅心之法也夫子之論文仲屢矣至以竊位譏之而其心不如見也歟嘗思惟名與器不可假人自古心叵測者得之而其心為不可問之心即其位為非所據之位蓋益覩乎絛官之分權有屬而義無可外而深窺乎居職之心責有歸而罪無可恕吾茲於臧文仲不能無感焉夫文仲士望也文仲之位所自有也承二難之後而急病讓夷猶恐勤勞于告糴則豈曰之謚以尊名紹光人而垂令緒者居然廟堂爵不讓賞祿不逐之列歷四公之間而德言著訓修謨不朽于名卿則當年之節以壹

魁卷　十九

愿追姬旦而求隆称者又似乎外焉無贖内也無愧之常夫則文

仲之居位也夫雖復議其後者雖大君子之倫人也有于其位所

不能為而不為者始寛以原其心有于其位所能為而不為者必

厲以誅其意以不能為者而不為則僅于其位言之也故在深之

鄙責其称服與河之輻戒其素餐予以不韙之名而其情已當若

能為者而不為又不独于其位言之也故鼯鼠之晉畏于近貪負（典雅）

乘之鼬醜而致禍律以不揺之號而其罪奚逃蓋天下惟明明之

地為不可欺今若魯■無復文仲之跡及及者有同盡耳假令居

位時而預名思義自問其位之何所為不有惡夫退迴而無辭于

心窮之難明者乎而独是以地望之隆竟同有非有之耻今當世歎惜痛惜謂終歉祗之猶有餘愆也此亦文仲所為自悼者歟天下惟事後之論為不容泯追思文仲當倫鄉之年赫又者猶如昨耳今及今在位而引繩切墨責以位之何所为不有皇然自愧而無辭于陰祿之莫從者乎而獨是以事權之握致顛于不義之為今後世流連太息謂重遠官榜寔自斯人也哉又文仲所為椎堪若矣■乎頓忘羅已之言而未蒙無礼之逐跡其越哉為政若欲以藏龜祀鳥■擭矣固寇之慾位不等于小官而怨独遺于朝列以其敝尔在公轉欲以書英﨟師籍託于虛襃之謂不忝胡矣如

柳下惠竟遺逸以終身也是非竊位者之責歟

格韻華有餘妍于當日凱諷涂情怡然若渴

魁卷

臧文仲其竊位者與　第八名　李　宜

為竊位者扶其私，所以發臣心之媿也。蓋竊位之稱，固大臣所深媿者，子特于臧文仲發之，曰：慎有在位，凡有位者所共凛也。頑大臣有與小臣異者，任輕以曠為戒，官箴雖寬；望重吾以敝為戒，清議猕可畏。夫懸取其不可告人之隱，而直媿以不堪坐擁之名，庶臣心皆將聞名而知所惧。若是者，吾即以論臧文仲。邇公忠于勳族，棠魚鄙偶之諫，世祀相当，孰非其舊服厥位者，顧何以漏鶵梁之持而難為荅也。祇竟不知不仁，未足盡当軸之坪品；綜勞績于先臣，卹災告糴之才，敢施不朽，孰謂其有忝斯謂者，顧何以来鼂

惟秀絶倫

廿五

罔之占而承之羞也雖云立言立德正难補仳蔽之遺行甚矣位
之非盡能榮人也如坦夫一自盡其位又歆夫不自有其位論者寃（覓局）
必以位歸焉难頌德弗褒原非持祿養交之故習不去而倖者此（流行一氣如）
位更不去而尸者此位論者已不能為位諱焉況委任甚鉅豈尚（一褒）
为正人君子所樂稱嗟乎吾誠不意持斯竊位者而俾文仲思也
馭世之柄不從世起見而以一己溢之即此已為明樾𢇁遺所莫
貴第丞明寬大宽無遏疑卿相之心大官大邑惟于大夫寵加賴
焉豈料拜休命而自封者曾不在人意直至此故君父究殊心之
法臣子忘恬過之非追功名既盛此意遂未經人發也夫事之

乎人所未發者乃弥不可掖甭大公之地不惜公是準而以一身徇之即此已为感慣汕笑所交集夫世卿專擅亦非盡世難平之事甭爵甭縻惟当事者白倒置焉使必謂非所有而是取也亦惟解其效尤若是甚乎故怨惘雖一時死文而皮惡寔百行莫贖特（文仲□清不內保于已）太常製謚此故竟未經議及也夫事之幸乎議所未及者乃速貽之玷甭或謂贊国是者有諸大夫寔不得以分謗之説解也識观躋僖儀礼他如夏父諸人胥受成于臧孫之獨栽盖仲也望傾当代矣国家斷一事附毅者從略主名者有歸而一字維严遂獨揭为岳流之目或謂甭而祉者皆推季氏寔不得以未臧之例寬也

歟後新樽桀席雖以武子尊貴且聽命于臧紇之一言况仲也曰死餘子哉吾儒癸一議无深心者亦无深求享令名者雖徇令辭而九原可作將何以當慨歎之赦噫惠得一知已者而如斯惠則已矣而仲亦豈為得也

不沾沾于窃字二摹刻只就者[illegible]二字追琢神氣一唱三嘆雅令宜人

臧文仲其竊位者與

十五名李　鵠

聖人深惡患失者而特誅其心焉夫位公家之位也而獨窃之其心不勝誅矣夫子以是評文仲豈可諭欤昔春秋之世卿專政素峻之士振抜無由夫子心傷之不禁鯁鯁有感於我魯先大夫之已事也曰人頤有名震一時而心寔不堪以对人者雖舉世一（虛寫大意）識其罪而事後追思即欲末減焉而不得如魯有臧文仲者非我黨之良也哉僖伯有觀魚之諫哀伯有納鼎之爭而以仲也為之（為竊字反跌）繼是誠有後于魯矣蓋伯得姓受氏以來衮彝綏皆為其故物嘗僕之來也以邑賜虎之去也以亏而以仲也參其間何疑之非其

倫也為間籌虞懷奪之術豈意計遂達于鬼神若然仲之居此位也君命之祖傳之取之易而居之安誰得謂其為竊者然而人第知未得而思取之也用竊而不知既得而防失之也亦用竊且夫得而思取之也用竊有時而止而既得而慮失之也其竊乃無時而已乎蓋人有宛款自護之一物而惟恐分之為人有則心已朦昧而不明此其隱微中之負疚雖旁觀所莫知而深謀遠慮之至積而成真常若有一扼其吭者脂乘焉而不知竟天有衆所共戀之一物而必思據之為獨得則情以覬覦而不公此其夢寐中之疑懼雖為舉世所難窺而處心積慮之深造無為有常若有一綫

曾刮入

二比空中發議如江河之行

其測者潛伏焉而不及防一念及此欲不窮也得乎仲之于位也奪

乃類是夫使仲而不窮仲安得常有此位然以仲之賢即仲奉身

嬉笑甚乎怒罵

以退亦必別有自見者無位果何累于仲乎仲之賢而以有仕聚

也仲累位矣一念之誤爰書定之雖極畢生之功業文章而不易

贖也則徒形其愚耳然以仲而不窮仲亦未必無位使以仲之賢

筆勢環轉

而更有相濟之美当必更有可觀者窃位果何益於仲乎仲之賢

而乃以窃位損也窃累仲矣一月之失千載見之雖極一世之智

名勇功而不能蓋也則誰見其鄙耳且夫仲之位由于世職耳假

奇思決論翻轉不窮

令仲当日降在末僚而有一窃位者居乎其上則千百世下誰得

題 卷 六

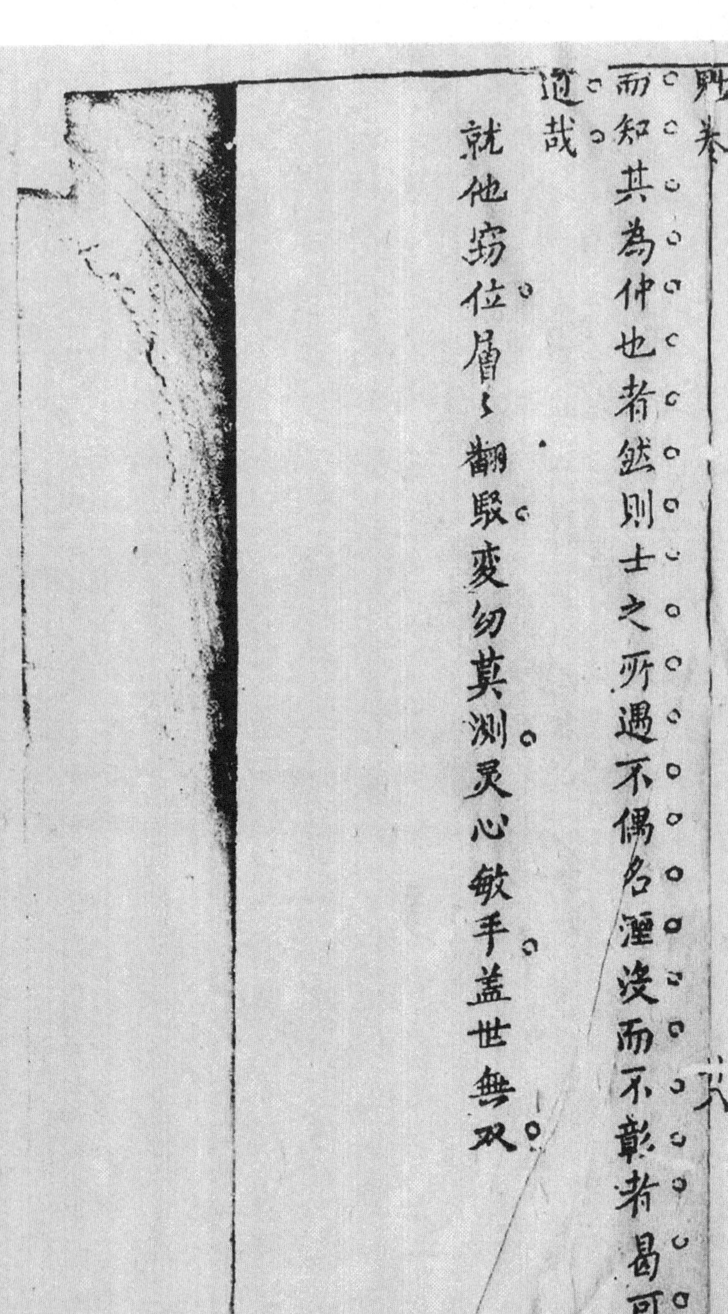

而知其為仲也者然則士之所遇不偶名湮沒而不彰者曷可勝道哉

就他窮位層層翻駁變幻莫測灵心敏手蓋世無双

臧文仲其竊位者與　　李應龍

以竊位發爵大夫之數所以治萬世之大臣也蓋大臣而克當其位國未有不治者子於文仲曰竊位臣心可不知所懼哉且古之稱良臣者必曰靖共爾位夫固有繫屬於身而不容謝者此責核自爾而（氣象人含神如坤劍精光龍而不露）生非寵利自爾而便也不然據非其所雖名在當世而跡在隱微苟不知之推見至隱吾恐誤盡天下後世人也今夫望淺而任重尸素貽譏德薄而位尊曠官見誚此其人不只欺世而盜名其術不足藏（離奇手筆高處立潤處行）身而自固吾從而責之旋上具之訃非風隆民譽功紀國常無從追敘生平辨正然否而在位時已非論於今久矣吾若臧文仲則異是

藏諸盟府名高勳臣之二傳之列國聲施不朽之三休光亦赫赫矣

頓挫合節

顧使不加深察徒以是而予臣極天下幾無臣矣以是而為稱位天

對照精切而氣象渾然一丐要天下之業

下且無樂是位矣何則極人食與沐之報而進才智皆所不足恃而器局

於焉故有謀猷不必過人而榮施當世舉國不以為疑倚賴之所繫

者大也天下方以位非斯人莫屬也而何有于負乘之羞竊利與殆

之攸分技能皆所不足競而度量服焉故有功業不必己出而俎豆

馨香沒世猶溪其德人地之所須者切也天下方以位加鄰人有光

古峭

也而何有於鼷鼠之屬猛犬之捷不愧屋漏無忝者此心之藏[illegible]外

胥被之問世不可自問難安者此心之召辱位中先當之徵文仲故

弗計及此而顧乜以位供人指摘也重名器慎事權亦以明相臣之體而移以自用適以聽其平素而有餘夫以公家之物若私焉獨得之奇幽獨能竊作乎故無事充類至盡而不堪變似之情狀聲名頓從而汚若使九原可作當亦無所逃於天地變名節畏清議頹皆自好者可勉而一留隱慝即被以惡名而不離夫以士夫之行反隣于朕沫之計中藏終若揭矣故初非憲垢求瑕而不可致詰之衷私坐擁己非其分但令平心以察其何克勤洎浅國家非竊位而何吾安能爲文仲諱也非然者位如文仲何不可與衛之文子晉之祁奚同類并道而享令名于無窮哉

筆力在山谷黃[illegible]

擲地金聲

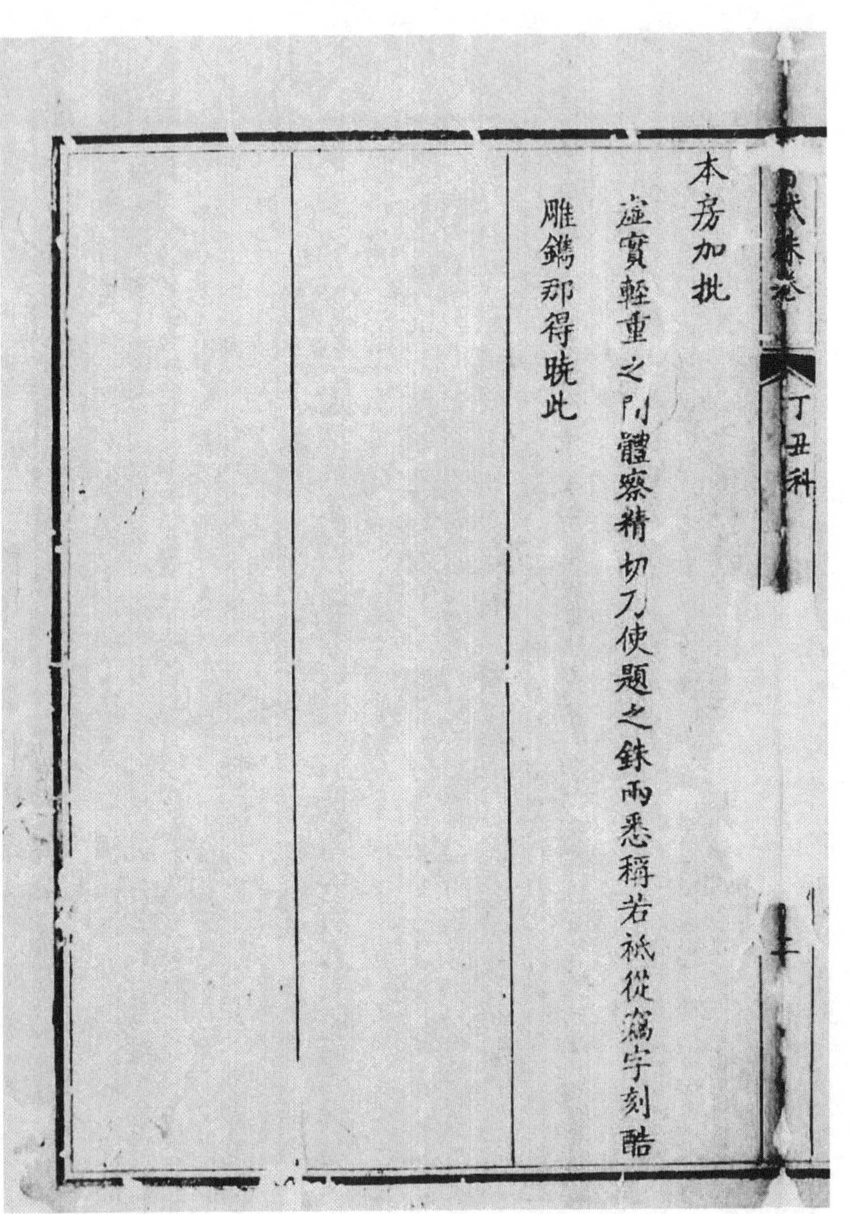

本房加批

虛實輕重之閒體察精切乃使題之銖兩悉稱若祇從窺字刻酷

雕鐫邪得曉此

臧文仲其竊位者與

十八名汪　新

以竊位責魯大夫因其事而揭其心也夫文仲一生非無足述者而特無解於其居位時也子所為以竊位先繩之歟今夫事權之寄也以人為衡（一劍見血）而實以其人之心為衡蓋名器無自便之圖而受爵有不誣之實苟徒飾於象著之地而返衷有所未安則無以滿乎其心之量而其人之量亦隱然可窺矣蓋自設官分職而位以名位也者固在以來其克稱也昔先王慎簡良臣而耳目所寄即（貴踰體邊得然）授其權於二三有位之人則原列爵之初寔僅責以功名之表古大臣乃心公家而夙夜所彰恒餘其情於引避不遑之地則驗靖

魁卷　廿一

共之實。文豈從一手足之勞。頑獨不能釋然於臧文仲也。身都通
顯。亦既偕季孟諸人。共有國鈞之秉。則卿惟四。而臧氏與有榮施。
名高一國。又早以声華籍甚。獨為僚采之宗。則勢有二。（二付）而文仲亦
多實録。夫亦誰議其非者。然而我思之矣。今夫鈞衡之寄。原以開
先。而險利其有者。轉若倖獲一時。而深之以自蔽。夫寧無内愧於
心。而物議之难逃。不敵其中情之自問。則雖負乘不致貽羞。而擬（合題不太）
以非倫。轉竟形神之畢肖。名實所關。尤期相副。而隱搆於虚者。祇
竟人言何恤。而居之以不疑。夫豈必攘人之有。（正宣坊子）而叩之清夜而多
慚。即暴之大廷而無地。當時共相器重。而充乎至盡。已媿心迹

之多慚文仲其窃位者如萬不至自私自利置国事於漠不相関
萬儈哀继緒以来虞共自矢共凛官邪失徳之憂則離玄身位應
何以不墜家声且亦思臧氏之至今不替者代多明徳悉本掄材
高　透　曲　寄　意　逆
詔禄之常則体此以謀之夙夜覺世官世禄原非貴有常尊而奈
之何自安於窃也將上之而無以報我先公即下之而何以克逃
清議纔不至大官大邑挟所有而邀以殊恩第兩社決輔以來三
耦維存隱有固寵憑權之勢則尔位宜共何以表官箴之不愧且
夫文仲之赫赫在人者言稱不朽久深後来效法之思而蔑之以
華　星　節
事君大義竟有倚有要莫補登朝之節其能解免於窮乎則概求

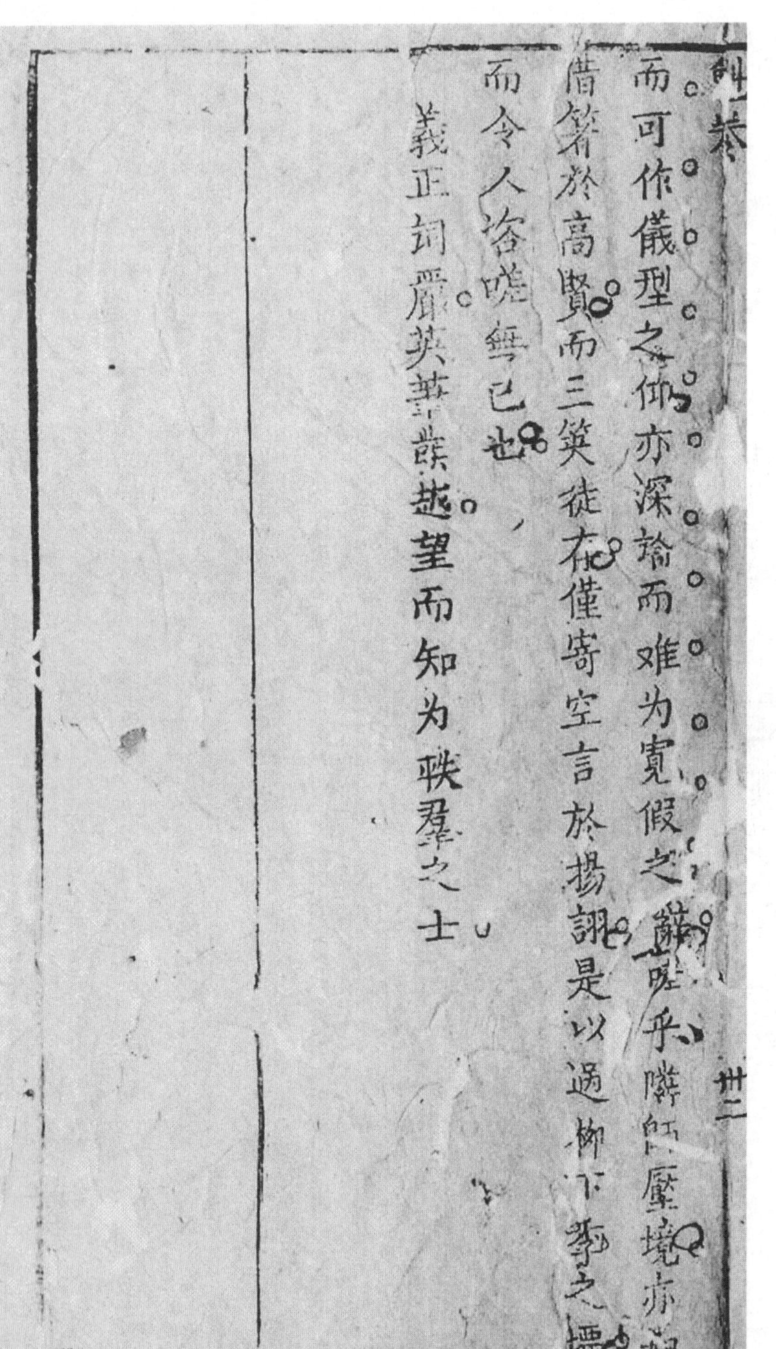

而可作儀型之仰亦深踰而难为寛假之辭歴乎隣缸壓境亦加

借箸於高賢而三策徒在僅寄空言於揚詡是以過柳下季之壇

而令人嗟嘆無已也

義正詞嚴英華發越望而知為秩羣之士

臧文仲其竊位者與

丁丑會試　沈若木

指魯大夫之竊位。春秋誅心之法也。蓋位非文仲一人之位。指之曰竊。其心有可誅者矣。此聖人春秋之例乎。且吾儒論人無恥乎與卿也。然以國家公天下之大典。而恩御擁而有之。即謝論者每嗟其迹。何直揭其心。蓋大臣開誠布公。祇期此心之無愧。至於不以問所優然居之而疑。然後歎曠官素食之譏。猶屬尋常形迹間之眾棄矣。今夫先王準爵詔祿而位以定。位也者。與眾共之。而非私之一人者也。亦念社稷之重矣。以公忠不如于位以外。大破其貞格。故畛域可以不設。而千秋之史冊共見光明。克惟龍和之國

熟于機變叢若于位之中寂遷以陰謀故形前有所難忘而一家
之識評直窮隱曲一吾蓋不滿于臧文仲也一苟前勛而隸司寇用其
隱條言義無漏
權而位乃貴不專用其權而位乃益貴古人之不解于位者其心
正以有所求而克致故暢遂存神明斯尊榮有勢分也文仲則以
專用之權固專營之位故汲汲計較之私乃隱躍焉而不啻驟非
點寫流漓
其有崇果榮華福澤之適足以羈縻豪傑哉將此心之惡焉肉食
者正恐難以告人爾廬世及而廁名卿見其才而位於光不自見
其才而位乃愈光古人之靖共爾位者其心常以有所祇而欲伸
十分極毒辣
剝露
故安恬在寤寐即坦白在明廷也文仲則以自見之才封爵肥之

位而戔戔得失之意乃堅護焉而轉虞伺隙而乘豈無閒望讓獻之著足以映照鄰封識得外心之皇然負疚者默然覺不堪自質爾謂之竊位豈為過耶分居于所限則位以小而其失猶覺文仲固

峻峭洗鍊操縱盡致

赫然柄有獨擬也正惟柄有獨擬而不思其濟以和衷則以順軋之情若欲自我而一泯推移之局而隱微之曖昧何以告無罪于官箴致處乎所勝則位以開而其情可恕文仲又顯然責有難辭

畢現技手宛平

也正惟責有難辭而祇圖多身之坐嘗則以刻深之計不使自人

自青見一朵精核

而更開登進之門將擁著之功施何以俾無慚于國典嗟乎居君子之位而黍以小人之心致賢如柳下惠卒湮沒而不彰也可勝

臧文仲　沈

尊裁

心懍懍其懷。霸志渺渺而凌雲。斷制題。必如此乃惟妙惟肖。樹

崙兄試每冠軍。今果與曲江之宴。益信宗匠有特識云。廖古楷

臧文仲其竊位者與

林衡瑞

以竊位追論卿才殆無能遁矣夫臧文仲在魯寧非以位尊而稱者夫子追論之曰竊位其有莫容已於歎者乎且夫人得事權而熙之此功名表見之會也亦即器量之所自古大臣當職其御其器量一人轉不自有其功名究之大權居之而安物望亦歸之而允其謀先謀心心也者効職之本也繫焉矣夫自朝廷設位以論官人臣受位而蒞職括名數之維紀而澂其課則位者統辭也孫黎民之一身之以利國家異境之虛懸而既其實則人專辭也不貴望之所與何害身而乃不能無慨於

丁丑科

臧文仲文仲之不在位也其時尚有未亟而生之業不昭而
以憂亟言之亦有位者所亟啟憂之時而難以自用者也鈞軸溥
幸假其手誠有以播休聲於詞命牖勞之餘當衣羔裘諸臣何不可
為文仲賦矣季臧之惡未媾而世人共勤此亦有位者所可振厲之
時而無所猜嫌者也政府之地善乘其權寵有以入人意於戶大國纖
蒲而外懸鶉濡咮之篇俱無庸為文仲諷矣而其如己不可得何也
文體開總不犯實
吾儒之持論也生平不理于人口而會敢之然小善不遺焉人既擢
其前光而責備之嚴本量以核劾握重柄而居或位如文仲者哉
才造意出之自然
世平所之歎不足幸執之弛張其兩憑相濟起

臧文仲其竊位者與　林衡瑞

作因位以內省亦莫至以當路滋遺議也人、、、失固非虛衍所及測耳彼夫多方盤踞不墜酬庸錄舊之榮豈文仲所屑道者乎由今以思何不當隱忍以就乎此而撫心求當能安也古來聲望之減每從而增人地之感吁其相形而千矣文仲至繫宗邦使無位以終身未必不以失職留餘地也夫當位之請指臣非有推之可耳彼夫百計貪營不惜蹈術獻權謀之鄙豈文仲所任受者乎由今以思竟莫能解免以別乎此也當官將何以處也噫其竊位者與當年易而及議而虛美直向公叔之稱史官秉筆未及書而乎已見春秋義柳惠降志辱不在焉仲又安於其位乎

接法宕逸

此雋合

以縱宕取致

本賓戲

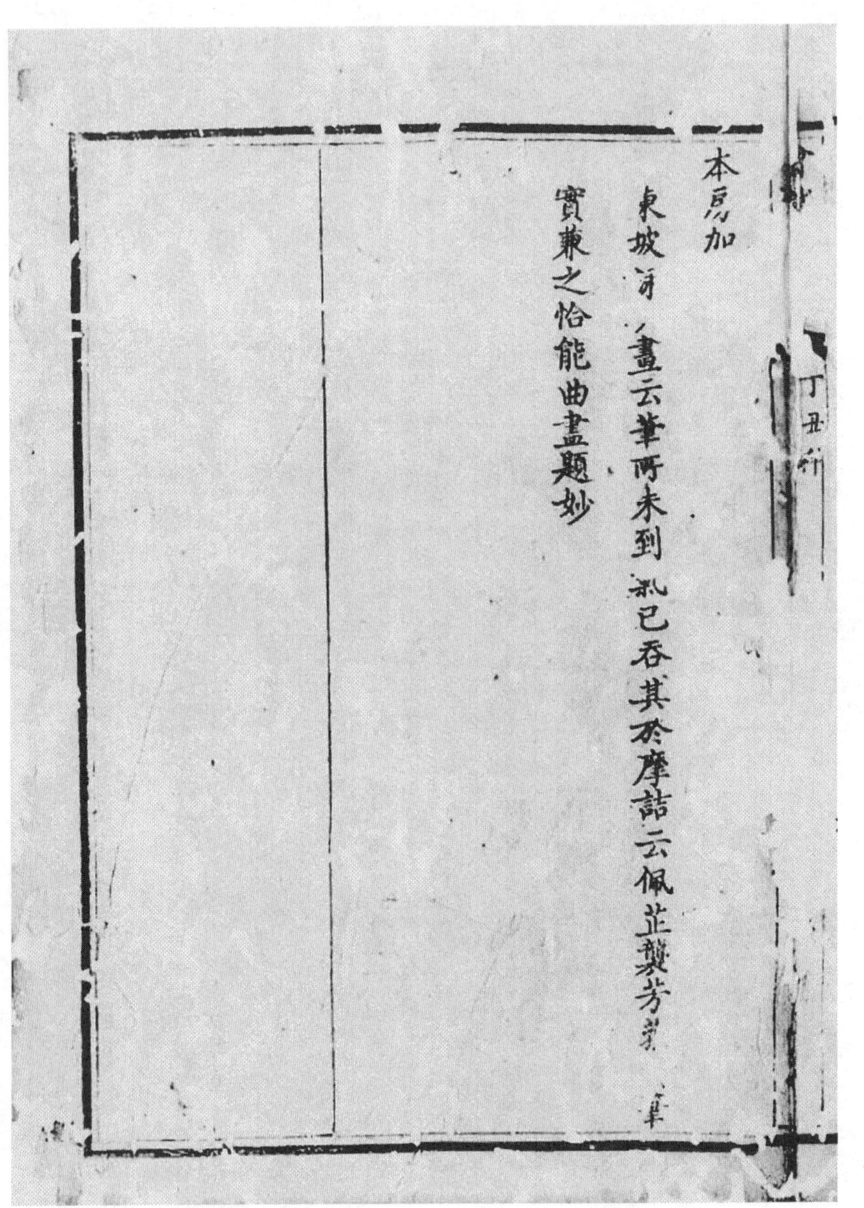

丁丑科

本房加

東坡謂　畫云筆所未到氣已吞其於摩詰云佩芷襲芳蓀　華

實兼之恰能曲盡題妙

臧文仲其竊位　　門錡

魯大夫以聖論而定竊位之名自取矣夫文仲魯賢大夫也而夫子直斷之曰竊位殆有人所不及察者乎且古今來不避之舉之素在人指數也亦無庸論及耳矣惟夫預人家國副之也良難而擅之（寫落大方）也又最久非詳觀而論斷之則大權所在遺譏遁焉吾甚惜夫事盡掩於庸衆人耳目而無以定古人也則試尚論夫臧文仲為天位不丁以偉邀矣而仲實卿才平生益令譽豈必今日之有異辭議位非（婉）可長據矣而仲自不朽政府仰前光豈必後人之紛列論一吾固初不（徐引折領服全神）意以竊位之名名文仲也則名之孰不疑而譏之然而綜往跡以求

其當非故取乎深文就事者以審所安詎深從其苛責天下有本非
是事而謬予以是事之稱則類不樂受也為仲所匿有竊位之名心
將排而而固無慮是令早聞之處了於之矣惜當年無揚言於朝列
者遂使仲享非分之有人盡受不見之蒙耳天下有本為是事而巧
抵乎是事之稱則正多支飾位雖仲所難稱竊位之名口將辯焉而
固無慮是令獲聞之已潜奪之矣惜至今無言中乎事情者遂使位
貽大徒之玷仲徒滋前古之懟耳且臣亦復何算仲非其倫事君尚
遺行入之數肯不淡然託國有餘而如斯何上乎僉位者竊
吝而以尚喜也設起先而於九原了乎清議嚴冗要無

仲非其類有後世守臧也官久與矣脩而並重而今竟如斯

何怙乎固位者既圖而以日利也苟質諸大臣之三沐得毋醜被

虛衷八君子居其國不非大夫而非薄前人即自待亦復不厚顧使

天下後世徒震文仲名而蔽賢之實不著是則吾所不敢也

本房加批

采采流水蓬蓬遠春前輩稱為善狀詩境此題此文雅會斯旨

臧文仲其竊　立也

歲入黃岡縣學第一名　周邦勳

竊蔽賢之情、以知之深而成竊也、蓋位非文仲之位、而爲賢者與立之位也、知惠賢而蔽之、是私據之矣、故曰竊也、嘗思貪位固寵者、其盡生於所昧乎、而正不盡昧也、利祿熏其心而見昧、亦利祿熟於心而見真、見真而計較勝優絀形、必不使人優而我絀、並不使我優而人亦見優、此中明見其優、而必使見絀、實陰以自累焉、（警○雋○摩○空）而遂以不堪自問矣、何則、位爲賢者設也、豈不甚藉乎知之而公之也哉、公則祇見賢不見位、見賢則欲稍緩薦剡、而心實有所不忍歟、此時之明目張膽、惟期朝廷遐逮遺暢其所知、而豈尚有不

湖北試牘

白天祖之欸曲不公則既見賢亦見位見位則欲稍加引拔而心
實有以畏其逼此際之隱謀私計惟畏選舉公明或奪其所立而
寧復有可告君父之隱情若我魯臧文仲書吾知其心矣仲畏賢
宜不自知其位仲有位宜益知位之必公於賢公於賢則人之賢
見仲之賢益著而奈何其不避賢者路也噫是竊位也何也抑不
惠之賢誠實心知之而不與立也情實苦於相形相形則見短夫
天下未有庸人而不忌其見短也乃亟欲去之而彼之才難掩幾
李自庸人不忌才
欲揚之而我之位可危乃始且匿迹消聲不敢一言其所長則雖
惜肖
適不可枉賢不容隱之實難適於本心而偏若瞞昧焉而不惜矣

迫私舉惠所應得之冠冕黼黻什而襲之而猶惕惕乎此情常懸

精字刻至

其為惠知耳意實憂其相並相並則見傾夫天下未有食人而不

患失

防人之見傾也乃知之意將露而深為匿知之事偶見而旋即泯

常若潛蹤匿影未嘗一見其所能則雖三公不易百代可風之實

亦私匿於表曲而為其所隱覆焉而不顧矣遂舉國家之鍾鼎爵

秩默以擠之而惟栗栗焉此心常恐為朝廷知耳謂仲固有愛惜

名器之思則惠又公族之良也仲試捫心內問惠之賢豈有待於

明試豈猶煩乎敷納心折之而下抑之則公物也而私據之矣故

常書其言以慰其心使不得因言以見功而隱微獨覺之處遂若

自為距而伏以伺其阨窮焉迨其屢黜則仲之位安矣仲之心其不可問矣謂仲或有抑遠嫌疑之意則惠又舉朝所悉也仲試反已自忖惠之賢豈宜置之陪貳豈不足當公輔心服之而力鋤之則天位也而已物之矣故常用其弟以私其言使不得因此以樹績而潛移默奪之計亦祇自為知而徐以摭其祿位焉迨其位固而惠之遇窮矣仲之隱其亦可誅矣嗟乎賢人君子見知當路或猶致困厄不得伸也豈獨一柳下惠哉

拖一竊字繪聲繪影塵齋 清言 何處着半點吐餘

臧文仲 周

臧文仲其竊位者與

九名　胡相良

訊魯大夫以竊位揭其隱而如見矣夫臧文仲魯之世卿其久于位宜也乃其竊之之心又有未及窺者矣夫子揭之豈過刻哉且人臣身秉國鈞未暇與之論職必先與之論心心之公私見而職之能稱與不能稱亦于此見苟心不自牽其職而可以欺當時者必不可以欺後世矣吾思先王之設位以官人也豈無其實而可倖之以為榮抑豈據諸己而可專之以為有者哉國家為官擇人不為人擇官其所以慎重而不敢輕者原自有權衡焉以伸其予奪之用故凡人所得倖之事斬之於君而有所不能倖非故私也

魁卷

七

魁卷

私即所以示天下之公而後希冀之心無所逞人臣因位循分不
因位固寵其所以靖共而不敢懈者又自有度量焉以宏其執納
之方故凡物有可專之處獨至於位而有所不敢專非故讓也讓
正所以息天下之競而後攘據之念無敢萌是位之不可竊也明
矣吾乃不禁慨然夫魯先大夫臧文仲也夫仲為魯名卿其巖猷
懿訓非不有殺當時譽留後世夫孰是深窺其同心之所在者吾
（出題不爲而字傳中）
也綜生平而得間核往事以存真仲其竊位者與功名得失之際
本自無憑故常見有富貴而辱在泥塗者其材亦早有难憑之局
示人以可羨則為可危又安往而不危乎於是計較之私往復而
（集諾有朱）

七

不能以自釋常奄見惴〻乎有忝於位而深恐睥睨其旁者之若成起而奪之也則以其善守成其善取即以為有盜得之羞而仲其何辭與仕進顯晦之途豈真無定又常見有貪賤而驟致通顯者其中當若有一定之理乎人以可安有其可安遂有其不安者矣於是貪戀之情回思而不能以自主也其奄見皇〻焉有愧于心而竊慮弥縫無術者之若或有相形見絀也則以其共有私為独得即以為有穿窬之行而仲毋類是與一世豈無曠官而素餐致誚者乎以文仲擬之固非其倫矣独是儕不朽之三大典惟在於功德亦曾思所以處功德之先者有在于不矜不伐之休乎夫濟〻師〻

言之。稱有位者氣象。何如而奈何。以位自小也。是仲真為位累也。巳。又豈無當国而擅政私門者乎。以文仲衛之弥。非其匹矣。独具則。動臣之二。必將有利于国家。亦曾念所以固国家之本。者不僅在。一手。一足。之烈乎。失断〻休〻。古之居高位者。器識何如而奈何以窃自玷也。是位且為仲累也。巳嘆夫吉士有升華之氣而矣卿無好士之誠。宜魯之廷無栁下之跡也。不其惜與。

寄意深遠運筆峭刻傳神在阿堵之間

臧文仲其竊位者與　　十四名段三才

以誅其心者覈其位一字之訓可畏也夫仲之居是位也不知其自視何如子直指之曰竊殆誅其心以為有位者鑒歟且古大臣身秉國鈞其意非必求共白也而要之自慊其意以慊乎人意者即昭然于聯常朝宁之間蓋当官非競功名而逐已宜求報稱苟蔚然人望而負疚隱微其置身竟不知居何等矣吾念臧文仲而若有不能釋然于其位者何哉人情有鬱而莫解之一事而不奪權之素握者以定其歸雖扼腕在旁觀此意亦懸而無薄夫叔在則匪異人任耳一行可疑而百端莫贖当時之奢望悉屬過情語

心有願而莫遂之一端而不即望之素優者以專其屬雖升繩在片念其貴且浮而無歸夫望屬固解免無由耳問其名則是而按其實則非華後之推求必先誅意吾徵言仲而以位實之言仲之位而以仲様之苟其職分所不屬將平陂往復且以缺陷任当事之叔衡仲之遇不在此例也歷桓而更相數主夫非猶是臧孫世守之榮也而以辱承之庸有当乎且亦思国家之設是位也子孫黎民之計有存乎陳殷置輔之先者位為之招欲抑位為之限也吾大懼仲之弗自愜尔苟其才猷所弗及即持祿具官或且聾瞶邀大君之寵宥仲之林高人一等也冊命而念前勞夫獨不見我

魯褒加之厚ㄑ也而以薄償之能無愧乎且亦念朝廷之予是位也請共正直之風有責諸陳力就列之餘者位以仲而尊敝仲以位而累也吾又虞仲之不自裁亦嗟ㄑ其竊位者與情暱于甚便自不得以勢所不便者顯以相詆頤此小人之事也而奚以加君子之器乎拜之公朝猥云不知所報専之私室試思適從何來一為擬諸形容萬覔位在而多此一仲者仲在而不可以此一位也而何辭于被此名也念結于不忘乃惟此淡然若忘者可以相安

（直合仲無辭而解）

借云心則無他而何如其事之相肖乎疇為千乘之相而似鼠几于畏人疇負二勲之名而継鵜莫由称服一為覈其心迹但覔位

題卷　十六

與仲値而器若虚懸仲與位謀而迹同巧取也而何忍于懟終身也盖觀其下展禽一事而竊位有其寔固非吾之刻論已

從文仲勢分看出竊位堅光厚蠁藴藉風流江上琵琶差堪擬

妙境

臧文仲其竊位者與

十六名　奇山

聖人誅魯大夫之心而直以竊位斷之焉蓋位者身之所居而心之所寄也仲之竊仲亦有不能自掩者矣夫子故直斷之曰自古建官之法繫職于人而即繫事于職居其職斯其事而自謂無愧于心者必非人情顧業已愧之而究且隱忍以安之則不唯事與職無以相副而更益以抱愧而不能自克之一心故從來尸位曠官之流仕途多有而舉其人猶未足以相擬已何則人苟身履朝右則分所難辭皆緣一日之垂紳搢笏而嚴其責故黜陟聽之君相而可陟可黜之几偹形于循分自致之地縱詭以自肥而瘠瘝

之慚赧莫釋矣人人苟身秉国鈞則義所难追尤緣一日之得君行政而专所属故荣辱存乎時命而為荣為辱之象顯判十緣兼自効之餘使矯飾于外而中情之灰恶弥彰矣不𢘂如魯大夫臧之仲者豈不亦才知自負而徼有勳劳者哉然吾疏以窃位断之且如仲之所以甘心窃位而不悔者正在乎此天下惟才智者負者（清邃頂古高）咨黜权乎才智之優绌而定其衡彼自顧賦姿頓悟特較諸同官僚寀之內羞堪自異耳所異在是則所以同其荣寵者尽于是豈（需字嚴由實句）不汲汲自炫哉正惟炫之急而班聯中四顧莫與競能即不必過为表暴而表暴已真使必事事等所黼悔安知見長非即見絀也

階乎則長此尊顯即隱忍負乘之羞而何足深計也況計之審而隱衷難以遽窺與天下惟動勞既著者嘗隱度其動勞之大小而異其終彼白頭少有裨益亦擬諸世閥公族之中差堪自信耳所信在此則所以獲邀光榮者畢于此豈不沾沾自伐哉正惟伐之深而盈廷中環視莫與較長即不必力為揚詡而揚詡莫掩使必事事乃心公室安知求益非即得損之漸乎則永其爵祿即疑有私據之嫌而何必過慮也況慮之熟而秘計難以遽測與然則昏庸者吾將原之原之于其心也心非有巧于彌縫之隱即安于素饕而不必深苛如仲者豈昏庸所可擬哉乃聰明而不勝其曖昧

反扶更變

燃下字元迹

使紱以開汝不明之誚而竊幸藏身之固則不堪之曲衷直視為宦途之勝算矣戇愚者吾猶進之亦進之于心也心常存進思退思之誠即多所錯誤而意可共白如仲者豈猶至或失于戇愚哉乃靈慧而過為深詭若鑒于誑直獲戾之僞而私蓄掩飾之工則仕路之長策何有于報国之篤志乎觀其知惠而不與立則竊位之心仲亦何以自掩哉

曲〻代文仲設想以取竊字之神髓清言絡繹雋味耐且

臧文仲其竊位者與　秦之柄

魯大夫不稱其位聖人爲論定焉蓋位苟無以稱之即無以辭竊位名矣雖如文仲者聖人能爲之諱乎且夫人身於朝能保其榮矣而有時不克保其名非苛以繩之也地望之所居而或不足以相副

靜移之氣逈人

則遺議不能使人終不發之是故名非臣心所敢沽也要惟不以位而貽惡聲斯臣品昭焉先大夫臧文仲者以公族之良執政於魯位固非得之非分也跡其識恤民之宜君卜爭盟之辭濟己自有億事之明等急病於賢哲之避難於當官又自任謀國之事

如新脫口

如爾位豈必有不逮焉吾故綜論生[illegible]

之歎也夫振人家國原不必概責以正[illegible]

得不牿焉置之而要未嘗不深自引疚焉則其可諒于人

已衆著其官之曠也若位如文仲殆未有病其忝者也[illegible]一官人

無容强以所不屬事或絀于權力所難施不得不視為無與而要未

○眉○批○筆○出之○自○典○於○人

嘗不別懷慼願焉則其可以自解者有在亦尚無以逮其官之謗也

若位如文仲而正有以醜其實者也蓋位在而考課及之其指摩位

而明謫者皆其蒞官不可對人者也夫啣遁于[illegible]之外[illegible]發爵

焉而文仲亦遂若因以自託高明之地自恣然居之而不疑特[illegible]

○為○體○認○極○工○

其不可對人者猶是耳位在而紀載之其因[illegible]貽譏者[illegible]

夙夜歎以問心者也至名重於紀載而文仲亦

若真堪不朽尊遂之勢獨偽然專之窮特無其難以問

猶是耳得不謂之竊位者與得失之不可憑也文仲之保君寵于久

不啻保一非其有者于久也又何所得焉利害之相循也文仲之據

勢要以終不啻據一不可堪者以終也亦何所利焉噫賢如文仲

卒不免有遺議焉彼生平萬不及仲者尚得恬然居於位哉

本房加批

文仲與鄙夫回別竊位字濶而時賢如此亦即落入

人論斷之辭故前輩一節題文皆體

截界須清滯重易於侵占

會試硃卷

臧文仲其竊位者與

七名 許承蒼

以位為可據者可即所據以刺其隱矣蓋文仲方以位自重而要其顯據之正其所隱竊之也是豈得逃聖人之鑒哉今使論服官之品節而不從其心術以相衡將顯赫者皆得援高位以自覆抑思處不易得之遇懷一必欲得之情則即其情之無可原還識其遇之不可問弗謂後人不足議前人之隱也吾蓋曠覽當世嘗見夫天下之物本非吾所獨有而無端忽有者且常據焉而人不能覺則必匿生平之智巧以曲護于情視不到之區而竊之名遂以著又念夫身世之遭豈必于我獨厚而務擁其厚者偏隱持焉而

清而則

疏密筆清新

務自我掩則必欺庸俗之見聞以自弭于美醜未形之際而位之屬多可疑夫但非人世之所共者乎幾見有以竊聞者乃吾于此殊怪我魯之臧文仲也論品望獨隆于公族則同官在季孟展布（開合流人）自不足掩其才故請繹數言識者群服其濟時之識初不以魯多君子而遽謂其位有所忝者在當日國無庸許其私也乃專擅久著于宗邦而紀事在春秋識躬猶未盡窺其秘故爰居一祀吾黨但誌其諂瀆之文或且以貴列三家幾謂其位無可議者而事後則何容諱其實也且夫位苟非一名一職之任則易避者竊之之（況細映帶下意）迹難窺者竊之之心而文仲究何如也國家踈迯之臣或以屢黜

觀筆奇恣

不辭者甘自逃倖位之辱豈身居世胄躝忍負勳舊之家毅而獨恩祈圭擔爵我寡君所寄耳目者何事而漫云循分以將也據功名之路而偽托于貢忠守拙之為一若隱計所存聊得于衆濁之中自儲其庸福則平情以接應直指而不病其苛草野自好之士嘗以不枉其道者愧天下擴竊之風豈名厠卿材敢自隳立朝之氣節而抑恩酌情辯物彼百姓所托身家者何人而猥云攬權以取也挾驕吝之私而轉切其恩患預防之術一若要津可恃姑乘其得志之會隱寓夫機謀則秉筆以書縱誅意而不爇于刻其竊位者與盖即其位以衡權勢初不逮季氏之鴟張而幽隱未可對

虛更精警不雜
人將纖蒲陳專利于私門而擅位更貽羞于宗國就其位以布公
忠豈獨爲魯君之倚賴而坦懷不堪共白覺據防祇敘尤于後嗣
而巧宦已啟釁于前人亦然何知賢而不克舉也乎
恬淡經營卻出之以風流蘊藉自是雅人深致

臧文仲　許

臧文仲其竊位者與

十一名 郭世誼

以公位而私擬之。聖人直揭其隱焉、夫位者、天下之公器也。擬為已有則竊名矣。子所為直指文仲之隱與、且国家懸大同之爵以旣待天下材。而苟未嘗私以為擬則亦無煩刻以相羈乃致頒秩（爽洛良烈）於王朝原屬至公之典。而核隱心於私室已覬冒濫之端則即其用意于委曲之中。以備責其職分之有憾雖名卿大夫間而求其名寔之相副也、蓋亦鮮矣。魯大夫臧文仲世守其位也久矣碩位豈一家所能私。一人此可擬哉。維皇彰德之権（此源長說未）雖勢厚者不能棄公共之條而独專其柄所以天祿天職一一果矢以公心而三事

魁卷

廿一

之誇榮自矜忝于厥職朝廷尚爵之事雖麗固者不能逞狹隘之見以自握其樞但令人爵人貴在在盡化其私念而浚明之舊業可深愜乎人心而若之何才已餘于位者而德尚歉于位也謂非窮典具揚清漸濁之才原不欲以典財俯仰無故遲建者來素餐〔葛華〕之消然而登進之公私則必有辦矣我觀古人一沐三握一飯三吐抵以盡吾位中事耳迨至濟川暨汝共濟鳴鳥刱我時聞尚論之下乃共觀其在位之光明而跡之靖共爾位者何具乎明明爾靡之好爵而大慮厥身俟若獨製之錦則是陽冒公家之秩而陰〔衛匯，細秀〕河私匿之資也蓋不稱其服無待咏在梁之仕而可徵矣負黜陟幽明之任原不敢以與世浮沉乎此彰癉並貽昭曠之蓋大而局量之廣狹亦必有辨矣我觀古人顧後有規爾門有典紙以戾吾（可寺正大光門）位中心耳遊至持辰而居績咸熙宅揆而天工時亮賛襄之餘群推其攝位之不疚而蒞之乎泰厥位乎安在乎明明崇德之宏規而量而不入安貼其彈之射則是爵屬大公而轉若視為私匿也蓋德蒞位者學序玩眾餘之占而共凛矣蓋天下莫患乎盈處于（体昌矣蛍舜文）時乎得為而既齊夫分乎宜盡斯衣租食稅祇屬空名夫竊位豈必在大哉第令夙夜在公而平心優揣竟遠乎建官之初意則一念揆乎生材之理而一日即悖允釐之經抑人情莫患乎名居于勢

忠已至而寔靳夫国與急需則委蛇從容究为虛飾夫朂位埀必
在顯哉但使寅恭朝夕而返質寸衷寬失乎分職之本怀則幽窓
方萌愧悪之心而精神已多擀䕶之術闟闠玷乎欹箴知薦奕之
臣實多遺行世族私乎公爵故瑰奇之彥半就沉淪观其知夫而
不牵而朂位不有胡徵哉
局度俊煒詞氣光昌百發百中之技

臧文仲其竊位者與

郭紹宗

聖人不以位予大夫為其隱而論斷焉夫文仲亦久據有其位矣子以竊位發之不隱微之如揭乎且大臣當國固宜公忠以勵其志而無攬柄以圖其私也若循其素望似無愧於官方究其隱微久負慚乎臣職此固非祿祿者之無足論也（著筆極更刺題自緊）顧何以舉施素蓄而清議卒難寬乎如臧文仲者其備位於魯久矣居弼亮之地負荷匪輕（輕籠意態自佳）古大臣未有不惕然於郭稱之勢堪者也則奉公而期無愧豈徒以勲貴自尊謬當顯要負朝野之望繫屬不淺古純臣未有不悚然于勝任之維艱者也則謀國而期不負詎徒智能自用足詡謀誼

會試硃卷 丁丑科

則當執此觀文仲而殊不能釋然也為即其人而想其心其竊位者與聰明非無可見而聰明或反以濟繫吝之私則所以據厥位者計已姘也夫世卿之職其由來非無所自受顧位之所在而乘權以行其道與位之所在而獨據以固其榮其用心固大有辨也仲亦嘗撫厥位而自思乎胡乃顯承其惡隱曠其官其設心誠難共白矣才猷原其所裕而才猷或轉以矜獨擅之能則所以居其位者志殊福也夫安執之任其所得並無出倖獲顧位之所在而盡職以謀其公與位之所在而遷怒以濟其公其立念又大殊仲亦嘗顧厥位而自勵乎胡乃陽避其名陰適其實其宅衷沾不堪問矣從來人臣之

自靖不徒求於事爲而貢先盟誅幽獨之中苟能藉位以[illegible]意則上可告無愧於君父以下亦可告無怍於下衷以觀文仲迹其生平於事亦多所濟顧何以程其才若有餘於位之外而叩其心已有歉于[illegible]之中也何以當之而無忝人臣之居官不可徒狥乎勳名之迹而必先相其器量之存苟能藉位以宏其度則外可告無愧於同官者內亦可告無慚於衾影以觀文仲考其治績于國亦多所裨頭可以謝其最若克稱於位之由不覘其量已難周於位之外也何以任之而無慚乎民譽夙隆久乘君子之器賢路須達難稱公輔之才於柳下而不與立謂之竊位誰曰不宜

麥[illegible]倒影

到底簡鍊

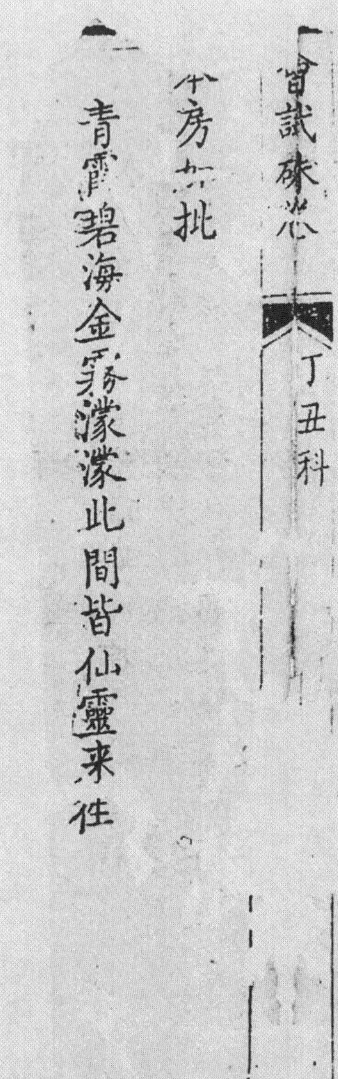
會試硃卷 丁丑科

本房加批

青霞碧海金霧濛濛此間皆仙靈來往

臧文仲其　節　　章世純

見賢而不能舉、君子之所為譏也、夫賢人而在下位、居其上者之羞也、故君子有責於文仲也、且人臣事君、身賢者賢乎、兼賢者賢乎。必舉賢者賢也。是故鄭之子產有不若子皮者矣。以為子產之賢。子皮將有之也。齊之管仲有不若鮑叔者矣。以為管仲之賢。鮑叔將有之也。若夫魯有柳下惠。是亦魯之子產管仲矣。魯有文仲。是亦可為惠之子皮鮑叔矣。然文仲寔慊此二大夫也。非獨然也。柳亦自慍其位也。賢者之于所賢。譬之草木吾臭味也。是故近相翻也。遠相致也。豈以為名於心有不得已焉耳。後民在野而不能

（開祭大方）

（筆淡極有姿致）

八　穉閣敬禎六選　論語

呼號同人以為茅茹之拔其心得無不可知乎即以為有不肖之

風流蘊宕

意宜亦無所辭之矣賢者之于國家譬之同舟期共濟也是故在前者吾推之在後者吾引之豈以為心于分有責焉耳飛鴻不賓而不能揚于王廷以為左右之助于責豈有可謝者乎即以為有負乘之羞宜亦可以加之矣且夫惠非無所見迹者也能使其言

開拓處轉見醇深

見信于鄰國之君而謂無所聞於里巷之間無是理也賢而不舉則無說以處惠文仲非知不足者也能以一言而卜御說之宜君而謂不能察乎朝夕之人無是理也知而不舉則亦無說以自處蓋惠之為人也遺逸而不怨阨窮而不憫即若是也文仲亦在其

不怨不憫中矣惠之自言也。直道而事人。焉往而不三黜。即若是
也。文仲亦宜直道所不容者矣。然則文仲其竊位者與。

攻擊竊字妙兼寬猛點染與方妙其文質刻思勤腕以蘊藉出
之極此題之勝矣方靈皋

此題名作夢白則太近深文王希則過於怒罵方城韻勝而夢
無發明閣公才多而痛乎訓衍衆妙畢臻微瑕悉去惟我韋公
儲襟執

韋公文刻削悉盡者為多獨此有情有韵亦稱中不可多得者

○竊字原兼二義尸位素餐不能進賢為國此竊字在職業上

說專位固寵不肯援引他人此喫緊在心術上說他作鄙只猜一邊惟此二中股對發兩種使題意一絲不漏　朱廉一

臧文仲　章

臧文仲其竊位者與　　張永祥

怡合

論魯大夫者非刻負竊位之責久矣夫竊位不可訓也而文仲即是責備焉耳刻責乎哉昔夫子論斷人材善善長而節有取焉至於責無恕辭又必其足稱於時者也傾其旨微矣是故微而顯婉而辨春秋之義於是乎存如魯臧文仲者生有嘉聞矣而夫子嘗於居蔡論辨其知至是復有歎焉歎其竊位曰昔先王之馭天下也制爲祿位以勸其從在位者位無崇卑位之事無鉅細人不靖一心以率職展四體而劾動動以云稱也文仲豈在位而休諸今夫天生臧氏以貳魯也保姓受氏位逮文仲能遵宣弋而得君也於僖哀文仲以後爲若

會不足算也許策楚退遜辭不實紀又不足於知文仲獨知而習於

此文家鎖納法

事如宜君從欲討持論多中皆在位時事也惜升陞之役謀未獲用

無○義○惟○此○得○用

然如備旱卹災所言皆無怍於行非若隱桓之世納軌物昭令德諫

頓○宕○有○力　又添一層

一無所效者也在位如此其能也得君如此其專也而又季臧無惡

古文取○生動法

友輔於前行父忠於後文仲於時左提右挈收人望而共厥位未必

一○激○發○滿○天○地

非我魯大有爲之會也嗚呼而乃卒不免於竊位且夫人臣之忠於

妙○論○對○照○倍○緊

位也位無崇卑位之事無鉅細有一於此閒望雖微不得不謂之忠

反是而竊位可知已雖如文仲惡得而諉之使文仲在位時凡所有

忽○現○波○奇○新○觀

位有瘝厥官者而君不察命增之秩曰今日必授意文仲必嚴鷹鸇

之逐而出之竟曰今日必違魯之臣有比周而爲之賜者意文仲乃
必以禮非其所相譏讓而深明其不可也則使斥屑以稽其將何辭
以對而處不避汙乃至斯極生專有位之榮而欲没保後人之議是
所謂欲羸而惡嗔者也豈可得哉夫臧有世官文且獲謚視彼寄徵生
對○射○夷○行
於下里之居誄遺行於婦孺之口者異矣無他在位故也然編削上
豈不必及守器無慙不稱則含垢有餘汙清議必及詩曰君子是則
與○中○復○應
是傚如文仲者其何堪則傚也吾不知天實棄魯耶不然何文仲與
鄉下同侍而相知也而乃以竊位傳也

本房加批

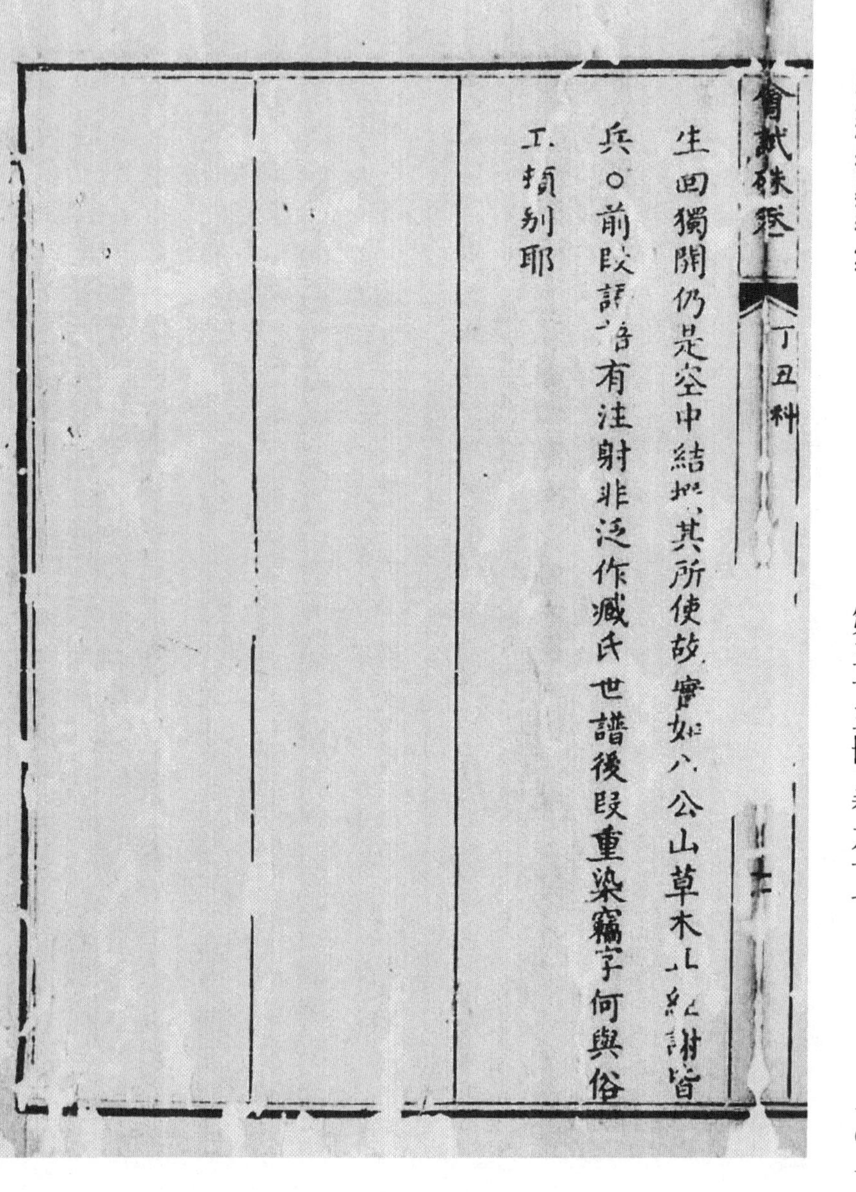

會試硃卷　丁丑科

生面獨開仍是空中結撰其所使故實如八公山草木之紀謝皆兵○前段評語有注射非泛作臧氏世譜後段重染竊字何與俗工之類別耶

臧文仲其竊位者與

張守愚

惟竊位者泯其迹聖人特揭其心焉夫文仲固世有位於魯也亦誰
議其竊者夫子特揭之亦曰其心不啻若是耳且夫權者得名位則
可行故好權之臣必貪位乃有跡若近於避權者之所爲而心究無（折入秀挺）
殊於貪位者之自計則雖日與人相見於朝列其不可告語者實相
遁於不見之中苟因其聲稱而爲之寬假是亦持論之疎矣而不嘗
見臧文仲之居於位也乎先烈邈隱桓之世善謀之遺憾何窮至仲（駭緊字稍別）
則柄任篤矣不須持祿而取容已偉乎官族世功之杰後嗣來季孟
之盟守祊之爲智不足若仲則民譽隆矣何庸邀榮而希寵已踰乎

保姓受氏之常則所謂狥公滅私之臣豈不於文仲之在位而羣相屬目者蓋亦幾謂凡有位者所未敢望也竊於何肖而正不然位必（大轉身）當乎其人夫宗邦雅化不擇地而儲英曾未聞代閥門材逸政府以（讚折）昏庸之玷懿哉仲之舊以能著也而竊正困於其能我國家為治為（何）忽斷無懸位以俟一人之理而何以專寄者歷四君久焉則所為靖（須飭拔登張）共者可嘉所為隱慝者亦可慨已位必展乎其事夫事君遺教垂模範於後人曾未聞宗社憑依貽當世以畏難之誚卓哉仲之託以權顯也而竊正紬於其權我國家治內治外斷無求備以責一手之烈而何以貽後者惟臧孫獨焉則所可關心者不足所可內媿者亦不

（流走一小比精神倚版）

淺已是故其著見於位也若異宗卿之不慎以持重者守官其患中

（好節拍）

於竊也何嘗盜臣之居心以含垢老損望則甚多位之來可苟矣非

徒曰履寵若驚必切持盈之懼也正使畏譏寡過詎足謝君國之桐

（追神來當異乎新調雅音）

需古大臣任事不疑而意自無不共白仲明未之聞乎當軸待心跡

無以釋天下後世之疑則受祿有誣惡可不究其所主非徒曰成功

者退必鳴不事之高也正使榮寵淡忘詎足答朝野之仰望古大臣

功名日盛而志自得其所安仲何未能然乎幽獨內悚惶直貽累生

平本末之大則稱名舉類焉能不辨其由來噫仲如柳下之知何即

如其位何哉

本房加批

醞釀深厚筆墨所至皆有異香清韻從之○張生云臨十號爲爲

程舉人王開泰卷亦本房閱薦王闈後適病領卷知經激賞一慟

遂絶可傷已並記

臧文仲其竊位者與

大名　張鍾琬

聖人抉魯大夫之隱而居位之風下矣夫位者天下之公器而仲猶竊之其負慚于中不亦多乎夫乎深譏之以為古今人品恒係于公私之一念而名位之際為尤甚世之庸碌者既不足以語之乃有盜重名卿心懷猥瑣其巧以自圖幾無可指摘之迹而隱微不堪內閑論者必與之探其由來而究其義類使情偽畢彰以為成有位者戒若臧文仲可異焉夫仲果居何位也世卿而執國是主上之耳目寄焉乃望府猶藏二勳而未克與負荷則雖以世及之官朕纖芥來于非分通人而冠僚寀羣下之觀瞻萃焉乃盧竊

日揺四國而莫宏此遠謨則自揣僾崇之地望更無解于合蓋[illegible]吾擬之直以為竊而已且夫覌人必于其微而稱賊非閑乎外天文○情○必○律○下嘗有端居窮亮功不必自我出名亦不必自我立未嘗一顯賞邇而宇內共戴其榮懷之慶亦有樹績巖廊其勳業可以傾隋其謨猷可以獨衡我欲撓為持重而君予獨畏其用意之深內斷以視而文仲之有負于位多矣凡人中有所欲致而有懷莫達徒作旁觀之扼腕或可棱位以相謝而天下亦將曲諒其懇勤坦白之類○樸○育○神胸仲而儼然在位也進思退思何在不可自主而徒坐擁此事權予衣裳在笥謂之以榮寵增之以辱遂覺此位之隆然者隱有相

遁之撓而不勝慚赧而莫副耿耿此心殊有指視之環集矣凡人中無所獨繫而與物相忘豈必無偶爾之缺憾要非有位之見者存而後世亦可共信其光明磊落之概仲而獨居上位也天爵天祿豈伊一人可據而遂私為己利乎聲帶迭錫儻來之遇竟歸攫服之雄遂覺此位之曼然者別有自固之術而長此要津之獨攬赫赫峻望殊幸攀援亦無從已惟其自愧之情儼焉若離自安故虛器有作度亦深虞其位之重速謗而斯借庇明神以為固寵之計惟其自懷之私熱中而不能已故妾織于家或亦隱林其位之不易保而聊托居恭儉以示持盈之心吁春秋以來眩僕之私其

魁卷　十二

風流及于在位彼寶玉大弓之盜使天下曉然共見其竊者方之文仲猶非計之巧也

洶洶湧湧目送手揮後二比椽實椎擲更令文仲聞之無可罵喙

臧文仲　張

臧文仲其　立也

河南陳宗師科考汝陽一名　陳品

大夫之竊位，匿蔽賢之罪也。夫惠之賢，知之者莫如文仲，而蔽之亦莫如文仲也。宜夫子以竊位正其罪與。昔吾夫子生於魯，見魯多賢人，不必皆用；魯多用人，又不必皆賢。有感於心久矣。因不能釋然於臧文仲也，曰：君子之賢，不因乎國家之位也；而國家之位，則一因乎君子之賢。是故賢之處於其位也，已賢位屬之已，人賢位即屬之人，共屬之人與已無與也。而明知其與已無與也，即蔽賢以自固其位，若是者竊也。先大夫臧文仲身相數世，名顯諸侯，自謚之求，以逆文之初，其歷位也久矣。其知人之明，一人信之，亦舉國可共信者。乃

伏筆有力

竊字腰眼

內我論之其竊位者與何則無定者也文仲之位非文仲之位也世無賢者則已耳世有賢者文仲不得不共之難得者賢文仲之位卻文仲之位也不知賢者斯已耳苟知賢者文仲不得不讓之一令矣御下惠罷者也無駭之後不載於春秋而惠篤生於其間是展氏之良也慶父以來屢貽羞於宗國而惠傑出於其際亦魯國之星也夫文仲也而不知之於哉觀於北鄙之侵弗急矣則汲汲乎請其辭且譜之以行百物而謂無幾其可也夫惠之賢不苟以辭即以辭而從以係邪是必卻敵則既知其係邪卻敵之賢矣而齊師退矣何未聞入告之勳也逆於爰居之祀計惡矣則汲汲乎佩其言且譜之以為三

復所謂不可不法也夫惠之貞匪直以言即以言而可以知來可法
識變則又知其知來識變之賢矣而海災駭矣何未聞同升之舉也
蓋知之而不與立也文仲以前有引賢自代者鮑叔之於仲也必生
致之矣不寧惟是晉文之伯也趙衰實從行而被廬（地名）之蒐首舉郤縠
即下卿之位且不敢當也迨襄之世始佐中軍而位之以賢逮及者
不聞以先時竊之矣文仲而後有以賢事君者史魚之於瑗也以死
爭之矣不寧惟是鄭政之難也罕虎以次及而良霄之亂即授國僑
彼執政之位固不貪也終簡之朝止治家事而位之御騶而稱者不
欲以非分竊之矣彼文仲處三事之尊杖大階之上身都勢厚引薦

聞人未有議其尸位者而彼亦泰然以安之未無其德而居之非其有而恥之耳知其和而抑之然其有而據之耳坐使賢擬淪亡耶國珍瘁而竊位之罪其又奚逃也哉

引經據典古雅絕俗　原批

議賢如何爲竊位要體註中幽得陰據四字文乎便極醒刻出文仲下議論斷案筆筆着落文仲發揮後幅借客形主更令文仲無處躲閃筆力古峭文氣不在秦漢以下

臧文仲其竊位者與

四名　陳鈖

大夫有愧于位，聖人直斥之焉。蓋竊位之稱，為臣所深戒也。文仲有焉，故夫子斥之。曰：吾人論人，豈敢漫加以不韙之名，顧不容苟者持論之公，而有必嚴者闡微之義。試為據其遇以推其人，而竟有蹈夫曠職之譏，乎無辭于官箴之玷矣。吾今念位之難居，而不禁有感于臧文仲。吾魯分封之始，望國多傳世家，而臧氏實為勳舊。觀魚取將，諸訹代擅，象賢而承其休光，則不可謂非諳悉典故者也。宗祊浚明之選，委任率由御族，而文仲時有令名，立言不朽之稱，夙標明哲，而敷其緒論，則不可謂非通達國体者也。故則文

先○朊○臧○臧○文○仲

蕭○寔○努○稍○賞○步○正○是○深○步

程墨

七

併亦奚負于位者乃術名之論未若責實之嚴而一節之歉或累全体之虧由今思之其竊位者與莫大于君德之灼見而位之能否因之文仲自歷官以來事君殊多獻納反覆于罪人罪己之言即與亡之義猶能喻之頗必多其端以相求不亦誣耶而非誣也夫術分盡職固人臣体国之忠乃推論者偏于委蛇服事之外愈深夫責備之相加（語有激対）一若身秉国成苟得為其事而一有所未稱者其負罪于君正多也斯汗顏不有去者與莫重于民生之克奠而位之修廢係之文仲自從政而後小民不乏声稱痛念于天災流行之語即利病之由久能悉之頗必執其全以相考不亦刻耶而

非刻也。夫救患恤危，同人臣悉愛之推；乃燭幽者，瀨于勤勞拯濟之餘，倍念夫倚托之甚。夫一若身同民瘼，苟應為其事而偶有所未盡者，其貽憾于民良深也。斯疚心不更甚者與？陽取而違之猶可言也，陰取而據之不可言也。夫為臣者，即不能邀功，亦何可濫懼？乃貌為寅恭，而寔難免于曠瘝之誚，斯知朝廷丰節自有欵崇，而昧于服官之義者，雖逆杞靈龜，不能諉其闒奸之咎，人所共而已負之，猶可假也；已所有而已私之，不可聞也。夫為臣者，即不亂稱其所居，亦何至取非其有，乃一為負慚，而若不覺為冒得之。斯知大臣風槪自有体要，而失其立政之原者，雖廢関織蒲尚未足盡其名義之浮故諭其心（到最情警）難與衛之公叔晋之祁奚並登上賞之列窮其罪若比易之負乘詩之素食更從莫追之條知柳下惠之賢而不與立非竊位而何哉

于竊位中勘出負罪于君貽憾于民立論極為正大入後一唱三嘆情文更復娓娓動人

臧文仲　睞

臧文仲其 一節

廣東惠宗師歲試　陳　錫
東莞縣學一名

誅蔽賢者之心、而直斷其竊位焉、夫位唯賢斯立也、竊之而不與賢、柳下之窮、文仲之恥與、且我魯之有臧氏也、歷哀伯再傳而及文仲、其列職公朝、有自來矣、士君子品題人物、尚論名臣、亦孰不心服臧（○欲○抑○先○揚○）氏之勳也者、乃吾於薦賢一節、獨不能無憾於文仲焉、夫大臣謀國、不徒恃其才而貴優其識、苟識不足以別臧否、即奉公守法、固未能免覆餗之凶、亦不但精其識而貴宏其量、苟量不足以納羣英、即藻鑑不昏、而烏能謝負乘之譏、吾思文仲其竊位者與、蓋仲當年生同時、居同地、籍籍有賢聲者、非他人、柳下惠也、亢厲非所尚矣、而由由榮易風流在夷尹之間仲知之既久而幾經放斥未聞一言抗論焉展大夫留一夕之行踪聽仕無所戀矣而落落不凡在下無阨窮之憫仲知之既深乃三歷士師未聞左右彌縫使展大夫久備員於宗豈夫豈不知骨鯁之聲為衆朝之所莫及而但恐以批鱗之故上忤當朝有罪惠而因以罪仲者姑為違心之隱默乎然祇此一念自懷之私即為病國妨賢之漸故下禽之失與織蒲廢關同屬不仁一抑豈不知剛方之概經屢折而不之變而又恐以搏擊之權頻加共事有任惠而並為臧妨者姑為欺心之衆動乎然即此一時規避之情莫非固寵徵榮之實故曠官之罪與如防請後均為陰捷夫祁午之立

內舉不嫌庇親公其位也蘧瑗之薦身後猶留諫牘修其位也家宰升而大夫彌耀無忝斯位也食采奪而怨言不聞無利厥位也知惠之賢而不與立謂之竊位誰曰非宜

後二比櫽括史事直能抉摘隱微　原評

作文以體貼聖人語氣為先聖人立言極嚴肅中自帶沖穆之致他手貪發竊字未免過於尖刻則愈遜其才辨而與聖人神情愈遠也故斯篇佳處不在才氣之橫而在語氣之醇　瞿函齋

臧文仲其竊位者與　　陳科捷

位大夫而加之以竊、聖人誅其心矣、夫文仲大夫也、大夫之位不可以竊得可以竊、之哉、此夫子誅心之論、若曰君子非無位之患也、居乎其位則思業乎其官、不能業乎其〻則不敢恬乎其位、而安有所爲竊位者哉、時至春秋、世卿之勢極難回矣、出胥梁而登三事、亦猶是曾舊周親、因得致身於門籍、而不得盡[illegible]以覲覲人懷邦土仕官之途、將漸隘矣、經甍沐而授上卿、亦猶是時才國望共思奮力於朝班、而不得例加爲黨援奈之何有先大夫臧文仲者、曾自隐垣以後、刑罰之不中亦云〻、匪先則濫誰守厥常

太史家藁

仲處其位思徙以一人之心挽漸非之[illegible][illegible]奚乎不此之慮而務為自全則其聰明才力徒以齊其猜嫌疑忌之謀其心終不可問則是世以孤高敦大臣之體者恐自仲開其端曾處齊晉之交辭令之相通亦孔亟矣無亢以卑誰援之命仲當其位烏能以一人之舌辨振積弱之形於多替乎不此之求而漫以自用則其儒雅風流第以文其洪涊依阿之術其心自不深諒則是世以慎默冒寵祿之私者實[illegible]仲階之厲其為竊位又復何辭吾嘗以仲為不智矣仲素擅智之名而昧心於出處之大節是竊立并以竊智因竊智以固位則穿窬之尤也時雖不言仲能無愧於中乎吾固

以仲爲不仁矣仲夙擴仁之譽而喪心於進退之大權是竊位同於竊仁遂竊仁以保位則盜賊之積也人郎曰仲不負國仲得不負於心乎夫仲嘗與柳下惠同時者仲思其賢不能及惠則仲之位雖爲惠之位可也而竟不敢使與立焉以誅其心容以不知賢哉

中比暗用士師猶師兩事以映柳下意思似強然形對辭令實嘗爾時國家件大事無幇手做不來　自記

臧文仲

臧文仲其竊位者與　　十二名　黃繩先

魯無稱位之臣、於臧大夫更有深責焉、蓋魯臣之不稱位而竊之者多矣以此而律文仲則更有難言者夫子所以將揭其隱與且國家以天位待人而一二柄政之臣履公忠於夙夜則觀人觀我無不可即其位而衡之乃人之總乎私者心反不固於其位而巧為取者位適足以累乎其心則置事功而靜叩隱微位固居然顯也而其心已善於藏矣我魯素不乏人而位在世家君子傷其不稱然其中更有不可致詰者分量不越尋常謾謂虛衷以待薄庸人之持祿轉以功必向已出名必向已成者用嚴我躬之靖獻而此外不必摘以徵文乃品地獨當柄權詎云建白爭人念宰臣之有体而知股肱任之即耳目寄之者原以聽名器之推移而此中無容匿其險許何位之不稱竟有出於竊之者直夫天下事自知其不可而冒焉取之者竊也自愧其不能而醜焉藏之者亦竊也魯之臣如臧文仲者譽望高於一国而議功議德彼自有其內疚之神明才識本自非常而負寵爭妍竟自擅夫掩藏之善術迄今（說他竊位却有來歷）魯之人傷我国之空虛嘆秉鈞之負位交口而詆季孟者流徧彼幽沉詘此覆餗而如臧文仲者竟無人過而議之嗟乎人苟不能（文修）朝廷準人認位之微權則歉於其任無感乎珍重以自居人既深

上何兄于此

識夫先王以位待人之微意則明於其衡矣服于邇四而自蔽而

文仲者幾固自知其不可與自愧其不能者也而謐得陰據而惟

恐人奪也其始竊位者與名流護名之念深而絜長較短竟致太

肆其彌縫不朽者三生平不可自下讓此位不專於我而位以今

重其足以臧我之素望者匿極也攢攢者聽其在公而相形是與

竊民音如二姒意未能人通

別自負夫傾軋之情追至持之既堅而空言虛謏可推讓焉以之

其愛惜之初心此即其竊之念念所盭盭自露也而內愧何如也

才人倖才之既彰而熟計無權於焉獨伸其賸服急病讓夷奇才

文采

不可多得度此位誰可與衡而我不能賸其足以掩我之勳猷者

魁卷

苗

可愧也磊〻者愛而欲助而吾恤吾躬困自囿夫獨伸之勢迫至所懷既遂而文字語言且丞賞焉以晉為後來之補救此正其窮之〻計所明〻告人也而險攄已若也寘之以知賢不舉文仲何以自解於窮哉嗟乎魯之人過柳下之故墟弔名賢之三黜以為誰夫致之聽其沉淪也而豈知位之不公惟斯人故哉

就文仲心裡力為摹擬脫盡浮言獨標析義口若泉流筆如花放錚〻細響豈可以同日而語

會試硃卷　丁丑科

臧文仲其竊位者與

程大中

聖人窮魯大夫之隱律以竊位而旨嚴矣夫以文仲之望於魯也不謂當其位無愧者而子以為直竊位云爾故切指之曰人臣當國（對照亦透）要自有體焉居其位非思其職而副之不可也夫人固有詡然負其興於時而其中隱忍之故有不堪名言者矣知先大夫臧文仲者行事之著父老得傳焉名稱之美史書得紀焉論者奚不謂功德在人（此轉有姿是謂能品）卓絕等倫矣而以吾觀之仲亦幸而藉老成之望恃以自固耳向使（促調類長）魯之君或者以大臣之無傀偉而姑置其位以有待固無論已又（理繼入妙）不幸而猶以眷望之隆無復自疑下一微諷以夙夜之無罔

慚而妓□其位以框衡又無辭也□□自對而知位之非其分也則亦謂竊位者非仲而何苟利人之有而睨之必不八識之而多相乘於不覺在位如仲其覺者幾何也當縝斥之無由令一回憶夫情形之奚似有不驚訝□□安耶而安亦既久矣非應得之物而懷之必不使人獲之而時護惜之必其在位知仲直護以終身耳當居之若固有令一計數夫指摘之莫加其矧赧佃而自喜耶而喜愈難堪矣地崇而望隨之非僅冀□故未□□容澳□□私乃往蹟之可議遂不啻私計之獨操試按例□潘固無能自覆也正於事久論定之餘一窮其情狀耳名存而人從之□若當前欲□獄

有可及湔洗之時乃龍以厚實而不能背逐被　而不待辭試
推見至隱洵不可致詰也要其為匿瑕含垢之非未難為曲貫
彼柳下惠者竟以大夫之知老矣非竊位而何

本房加批

清思百折直湊單微竊字只令下文可挎起見張目擊手花淺

臧文仲其竊位者與　鄒維

大夫貽竊位之譏微窺其心而揭之爲夫仲之不宜據此位也心寧自昧乎子以竊位律之非揭其微以示戒耶且爵位者朝廷所以御世之柄而報稱者臣子所以自靖之忱古之人內度諸身上不負吾君下不負吾民而並不負於吾心斯稱純臣焉非然者維一時赫奕要未免滋遺議已如先天臧文仲者系出世卿之冑身柄宗國之權聲施當代望著鄰封尸素之譏從知免矣乃吾嘗即其赫赫之位而有以微窺其心逈姬公之勤王家也一食一沐居心不遑暇焉念先猷而効靖獻宜無忘造周之勤勞即臧氏之有二伯也諫鼎諫漁

守官昭世美焉企祖武而式朝端宜勿替家風之忠藎而文仲顧何如者無貪權嗜祿之思則公室為重而身家為輕退食之暇必自揆焉吾其克勝任也哉汲汲皇皇之心位若廹之而弗安矣仲其遂安之耶曠覽遐矚之下保無有觸目而動心者至於心所弗安而直以為安則仲之析爾珪擔爾爵不謂之處非所據焉不可也有忠君愛國之念則誕訶德後而內證獨先夙夜之間必孰籌焉吾其果無瑕也哉兢兢業業之思位若凜之以勿欺矣仲其遂無欺耶班劃涖政之餘豈必無不見而是圖者至於心所難欺而猥蔽於欺則仲之于股肱倚以膂不謂之得乎其分焉不可也蓋國家所倚賴之人丹嘉

謨嘉猷皆所素裕迨乎秉持國政孚衆望而惇大章昭是其位固非若人莫能總也此亦如素封之家已用所需舉以不倫焉彼攘而有之者非不足以供取携而內顧多慚終貽竊觀之口實夫文仲者得毋類是與蒼生所屬望之人或投閒置散了不異人一旦遭際顯[illegible]抒夙抱而器量逈別是其位固非他人所能與也此亦如居室之[illegible]豐亨有象舉無不充焉彼掩而取之者非不足以飾觀聽而撫[illegible]歉終來有識之譏評夫文仲者得毋類是與敵在富日盈廷[illegible]采輿國頌其材猷而長據要津終難媲季友之為[illegible]家銘其勳勞列邦溥其譽聞而點考寸心實抱愧中[illegible]之有遺忠

問柳下惠之賢知之而不與立者誰耶則律仲以竊位良不誣已

本房加批

得聖人立言氣象而題界又復晝清滯重之獘遯其帷燈取影形似之語讓其晝意遺形

臧文仲其竊位者與　　賓三號

位有遺議聖人為定所歸焉夫既與竊位者同歸即不復計其人矣故夫子以責文仲且誠於謀國者必無所謂不可竊苟陰留其有餘俾或得而竊焉在位有媿色矣顧非其必不可竊者亦無儁取而斷之其斷之固亟有關于其位者也何則位者君畀之非相榮也而相須也臣受之非為身也而為國也故執政大臣明練國事銳意主之即有不可復止之勢者誠以不如是忝厥位則竊位者之為也雖然竊位而使人盡得指目之此臧文仲者所為翹然異於衆矣夫文仲者其始也非若冀野之耨有藉而升公其既也更異門上之莠歷久

與○析　對射　蕩○文○仲○冷　設色都別

而在位顧吾嘗覽當時大勢矣人材多起公族庶位不盡通顯惟執政者之權為重文仲位當執政而以其能宰之行權乎抑避權乎卒未聞訾議及之者何也無以對高明之瞰而有以弭指視之加定乎愚一世以内快其欲故跡其生平所遏何嘗下義其罪而上賞其姦既已干鈇鉞之嚴而仍獲保身名之泰豈能歷後世以長此無窮則定其位置所歸並非疑以貸褒而似以附毀嗟乎方文仲在位曾未有揚言於國以奪之位者即奪亦非仲所慮乃専國既久終引於竊位者而無從甚矣位之不可以忝也故論仲者自知患也定

（接法）（按入）（二比渾古足稱絕唱）（字法）（俱活）（恰好穩下）（又好）（幾曲且切當日事勢與職國異）（應）（結穴）

本房加批　寥寥辭垢氛當自太華峰頂来

臧文仲其竊位者與　　樓克興

以竊位窮魯大夫之心聖人之特識也夫文仲之位非敢之他人若而就其心而論之則不謂之竊位不得矣豈聖人之故刻其論哉且所貴乎大臣者以身任國亦務期志之可白而已矣既有所任矣何不可坦然應之而猶難乎苟安爵於朝而處非其有中情實不可對人何不得以位望素隆而有恕詞夫魯先大夫臧文仲者當時稱之後世傳之蓋藉藉以為可為有位風也其信無負於厥位哉而正人不能已於言者查位以彰德而育才非必獨一人優也故純臣事君心與不過喜於位而常恐忝於位下[illegible]思位以辨官而

淡合

一筆頓起

丁丑科

課成非可惟一人擅也故藎臣世[illegible]居乎位而未嘗私乎
位焉豈徒視為世及之常乃歎夫殊不能以處文仲也彼薦幹濟於
紆徐蓄局
三家若聲稱於四國似無媿臧孫之有後而告語難及於同官捫心
有愧於夙夜詎足當吾儕之宗臣噫其殆難免於竊位者與才不足
以及物其於位也君子亦咎其闒而無以疵其心若文仲則非無才
細其運用皆鮮
者矣如言僭名禮所宜為君之故魯不與於鑑銖豈别有所見即熱
視若無覩乎故吾未嘗不推文仲之多才而竊怪有其才而終恧然
在此位也立原不足累文仲而文仲之自累者實形迹之莫能掩耳
權不足以自伸其於位也君子雖譏其懦而猶或原其志若文仲則

非無權者矣如省用勸分諸凡當務之事無不得之君公豈他有所為遂事權不相屬乎故吾未嘗不樂文仲之有權而獨惜有其權而（此古書實意法）徒靦然在此位也位固文仲所自有而文仲之若欲獨有之者實請議之無可逃耳前乎文仲者齊有鮑叔矣佐桓公之創伯謙讓未遑（鮑罕並舉本家語非泛泛請陪）非不知有位也而適成其意之公何文仲之反其道以行之者即此位之後乎文仲者鄭有罕虎矣方國小之難為率以聽命非不知有位也而衆著其量之宏何文仲之舉其事而岐之者亦此位乎吾不意文仲而竟出此也吾不解文仲何以出此也

本房加批

一語非尋常評泊要得聖人之言氣象自有堂堂陣法兵騎

家鑾

臧文仲其竊位者與　一名 蔡以臺

聖人以大公風有位而曲摘夫隱據之私焉蓋位者天下之公器也以文仲而猶若隱據之夫子所以曲摘其微哉且国家所倚賴者首重世卿而唯此皇然（卿重有休）不敢居之思有以勵風裁而慎名器夫世官者其分循分者惟心以希榮固寵當之而一身進退閒遂若不可大白于天下不然如吾魯臧文仲者跡其生平恤民為君分災救患嘖嘖人世者夫豈非（先作揚筆）不愧其官不尸其位者哉而我謂位之所以定也自有其由始而亦必有其由終守儒珍以待聘則始進者難矣幸邀二伯之靈以勒勳社稷所為儼然而先眾職者固

魁卷

難以倖息躁進責諸世風之恒規食舊德以承流則敬共者急矣（周今莊重不佛）
謬蒙元聖之錫以耀人耳目所為修然而秉国成者毋乃以貧寵
秉權自昧半生之期許噫嘻是直竊位耳矣且亦思位豈至分田
始哉我先王分茅土以開疆盟府所藏與論定所爵交引伸于勿（大義漂大言）
替夫亦謂位無定在惟其人之自當何如耳仲之位非猶是周官
周礼之舊也者明明取非其有而奉以周旋猶若退食從容可告（殊忌之論）
天下以無罪則豈患失之情究有甚于患得者與我先公昭明德（切喬議更妙）
以啟宇尊親之訓與芹藻之休相鼓舞以畢申夫亦謂位無專寄
惟其人之自處何如耳仲之位非猶是小大從公之舊也者明明

義所难堪而處與委蛇猶若驚愚飾智可謝後世以無他意者自臧之端其即寓于自便者與養尊処優之自有其度也歟然如不（積闢）足而我已副乎位之實即位令以從我之情竊焉者殆見位而不見我矣爵賞所懸既邀以為榮即令害其榮者亦必蒐擯而並討而心思材力乃適佐其事會之機謀盡忠補過之自有其量也廓乎其有容而位以我為進退我乃不與位為轉移竊焉者殆位在而神與俱徃矣崇高所寄既溺以為安即有未敢安者亦必徑行（竊字盡相竊神）而不顧而匡救彌進誰實惜其精神之誤用迄于今風徽既邈如仲者且不可概見焉位高則其責难寛事久則其論可定知賢而

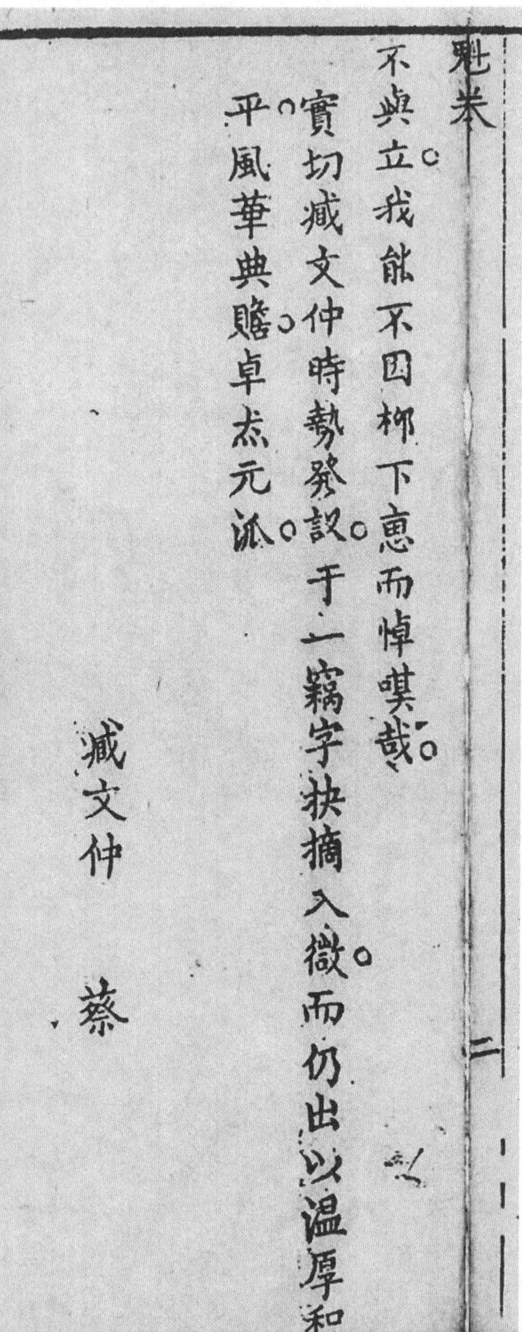

魁卷

不與立。我能不因柳下惠而悼嘆哉。

實切臧文仲時勢發設。于一竊字抉摘入微。而仍出以温厚和

平風華典贍。卓然元派。

臧文仲　蔡

二

臧文仲其竊位者與

歐陽正亨

位有不堪竊者於魯大夫有深感也夫既居於位矣可於位有遺憾乎竊位之譏其勿以文仲灾耶子若曰吾魯久不競矣政在私門罔念公輔厤高位以干戾者盖昭昭共見之遐想當日世以諫傳有後於魯厥惟臧氏而文仲懋焉惜也懸叩其藏而實竊所踐有非不仁所得盡者夫文仲之列位於朝也起自勳族席兹榮寵遇自有與人殊者其未得位也不患厄窮老其既得位也非由人力升而位不得以是概[illegible]居位即何得執是衡之顧嘗見夫貪厥位者爲隱康甚之性滋忘一往而榮懷所寄了莫辨爲何事乎貪而可厭也以爲憤

（遺名貴備本旨）
憒之素因應爾若名迹異卑污矣乃擅所有而又不得以貪目者彼
[illegible]郎中田八別有肺腸嘗見夫尸厥位者焉厚爵禄之奉坐食而甘
而馨香所祝漫莫究為奚若其尸而可醜也以為容容之福固宜爾
至聲稱在當世矣乃挾所有而又不得以尸名者彼委蛇間將焉對
跡衮影如文仲者非宗邦賢大夫耶吾正無以為之解矣退食自公
（字奇子名雅）（略為位）
羔何濡書思對命龜何瑞其內於心而允協者知外於位而乃當耳
文仲承僖哀之後光於前人其精神所到非不虔共匪懈者而豈其
（遺貌取神）
多一位之見遂自問滋怦怦也夫抱不能自問之一心猶謬以貌襲
者風茲柰来將何以月天下也閑且馳矣君子焉厥且多矣大夫車

其藉是位而心以慊者知單是心而位乃副耳文仲處季孟之間獨有不朽其意計所至非不度越昏愚者而豈其切於位之大顧自反多格格乎夫即不能自反之一端直若以陰據者遂厭懷來將何以訓後世也其竊位者與嗟乎怨憫之聲一播每足損盛位之光而當（詠欲縱唉噫曲神酣）文仲之世無聞則狃勤勞於政府雖負慚夙夜居之方如磐石之安父母之邦所望豈不屬宰執之權乃以文仲之才僅此則寄慨歎於（應轉原起）當年知積敝有由按之能免鼯鼠之厲夫文仲之為位累也直自為其知累耳此懷賢者所為過柳下之墟而惜大夫之位也

本房加批

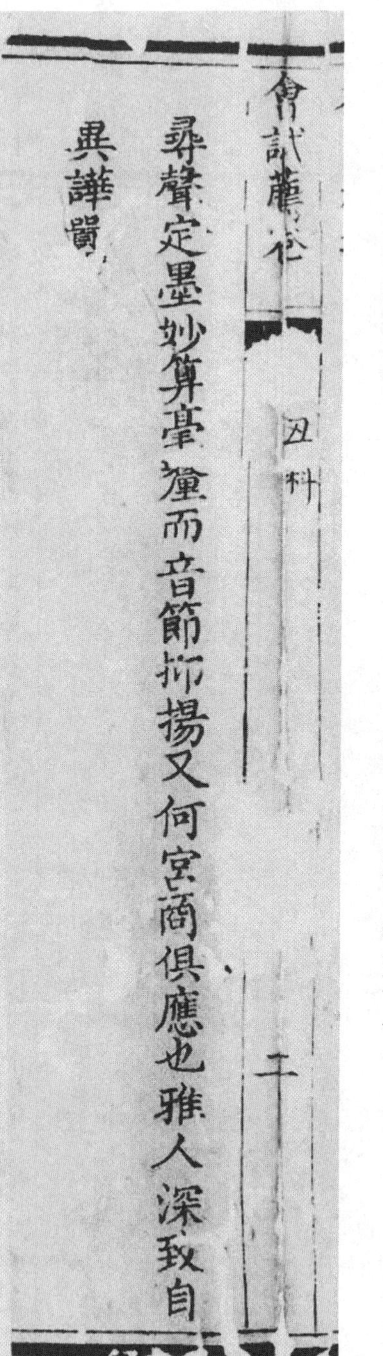
會試䕒卷　丑科　二

尋聲定墨妙算毫釐而音節抑揚又何宮商俱應也雅人深致自

異譁嚻

德六號

臧文仲其竊位者與

論竊位者可當身而內愧也夫猶是竊位耳豈文仲而以得掩之夫子之論定切哉嘗思天下有至不義之名人所賤之惡之又有至尊遂之勢人所仰之望之此其事相反而或位置乖方亦人所無如何者頗往往無以執其口故不能沒其尊遂之勢而不義之名從之雖然此以論居位者之大略也未也蓋其類天下有至才異之人其去凡尊遂者遠甚不義應更無論矣嗟乎信如是也人尚安有定論哉何怪乎臧文仲者之直以位顯哉夫位者準其位之任以遞隆焉至孰以所極任事者見不任事者亦見不任事而害事者亦見若素非

（將竊位者三字頓住）（轉入為其字從神）（忽落）（提掇）

無所旨事又尤有不盡任者意以與己無預人亦無能以預之不知

本歐陽

位執政者於事無不當任非是則有違心之行有內媿之名而位非

乎提撥空立論超絕

其位且論人者在乎略其所最相懸之處而觀其同故有究其所從

二比平允過遒衆喙可息

生者有褻其所終極者究所從生則竊位者是也得失中於所患牢

不可破其於位也即將附乎尸素之末而尚未能容褻所終極即臧

文仲者是也才智豈其所繼絕不相符其於位也苟非充其淺類之

根撥

求而莫攻其媿夫人所望於臧位者何等位如文仲所自位乎此者又

爲古字作一餘渠

何等而光浦如彼論定如此無能雪焉則夫假尊遂之勢傲然肆行

超脫

其不義而無忌者更何以處也嗟乎知不知間古來下位如柳下者

可勝嘆哉

本房加批

韓子以臧孫為以道鳴與孟荀並稱而極口肆詆者直代鄙夫對簿至以穿窬等字為切何言之妄也此卷立論平允真此題一度河清格律氣息亦渾自立入門户出而竟厄於數也噫

臧文仲其竊位者與　　　五名　錢　玘

論魯大夫而斥其心為有位者警也夫仲居卿位而其心之可愧者深也子直斥之曰竊、猶以警夫凡有位者耶今夫人出而圖君而苟見于報稱之難則不得向尸其位而稍縈得失于意中夫名（高唱而入）解何常大臣詎能獨擅乃公也而偏若私據之則不妨姑置其迹而先探其微而其人之不堪問者不在行事而在心術矣如臧文仲者魯之良也兆世稱無忝厥位者乎爵秩本國家之柄者而終姓受氏遂聲籍夫貴袤則知位愈高者責愈重也當不徒養望尸（魚〻啫〻）〻乎委此而享庸〻也福延傾為人主之權而國計民生更獨專者

委畀則知位彌隆者量彌擴也又豈得希榮固寵仳鍛而居鎖々
之推吾也為之擠其迹而原其心覔飭節貽々幾若有公尒忿々
之推而㵎行宜々轉莫解負來致冠之差其路竊位者與繼二動
之後倍衰猶有前勞頗其位亦疊先君所簡拔以登之者仲亦何便見
終不得當僅以世祿聞也乃得之不甚絆者失之雖恐速不啻以我君高
虞學子卿言老
爵爭祿因以藏身待得曰有後于曾予兆御見侵之凡君倚之矣
夫亦思誰秉國成而黜爾而思乃名不可假者之反自一人曠也
衣也補綴而猶未之聞歟廁三卿之中司冠貫為世定似其位亦
賓諸臣所虛左以待之者仲亦何至以瘝官誚也乃予之意中者

一如取之意外幾若以兩家之良馬索繇視為故物尚得曰有禮于君乎東門渥祀以衆民從之矣夫亦思誰執其咎而他日請念竟若與衆共者之轉為一己獨也越哉臧孫得毋非所據欤蓬乎逆祀貽訕畀玷名卿之重望乃棄其短而或可録其長則亦位情共猶得稍為之解免不謂禄禄者復权推專據也出告糴而辞令索媚入祀祭而神灵弗福其殆有怵然為戒者矣織蒲陋識久隕卿貳之家声乃略其細而不恕乎其大則不懈于位究难自愜予中藏誠以黠黠者早持之益固也御說一言而宋有君館人一言而脊有覇是固非昧然罔覔者矣夫都下固賢者也奈何知之而

魁卷 十

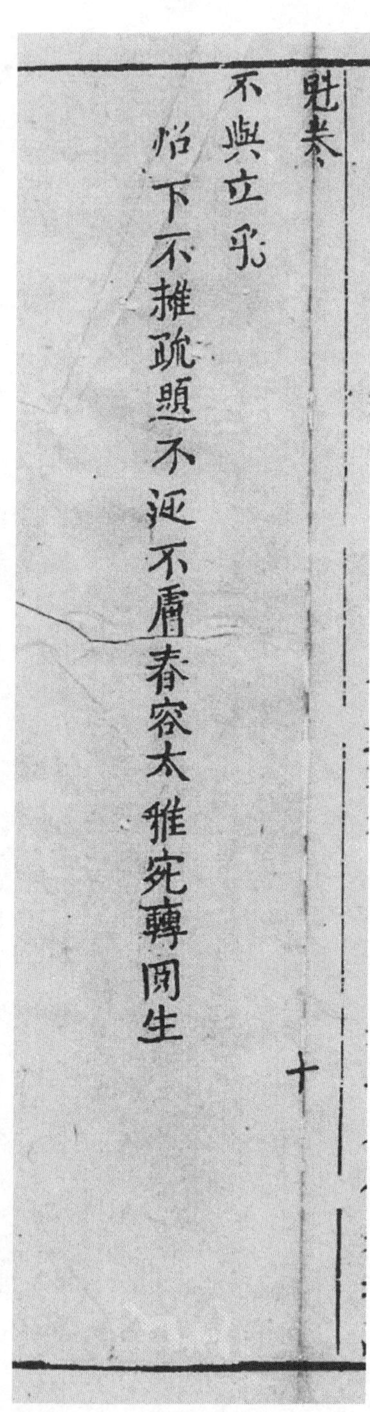

魁卷

不與立乖

怡下不攡疏題不泛不膚春容太雅宛轉周生

十

臧文仲其竊位者與　戴承蒼

臧文仲其竊位者與　戴承蒼

觀竊位之稱所加聖人有以揭其隱已夫位欲爲一己之所有即已非其有矣子以竊位加文仲殆有難逃其責者耶甞思夙夜匪懈以事一人此誠位在則然乎夫位者一人之所統即非一己之所得私矣故位之闕人也何常而古大臣居之頌德者卒必以位歸焉又奚必其私之也惟然而乃無以處臧文仲者矣在昔公叔吾嘗亟稱其文焉使易名著美誠足輝耀於友邦豈但身後之褒錫不虛矣惟仲居蔡吾嘗論辨其智焉使民譽虛負概將自溷於昏庸亦無煩後人之論定太息矣而文仲何如者守厥世官夫孰從而訾之凜茲公器

又豈所得而據之則吾有以衡文仲矣名非徐扶其隱以相加則受

○二句○深○渾○沈○彫○妙○處○獨○傳○

者有可遷就之地予者亦幾文致之深其心必有所不服而吾初非

求文仲之深也夫東山泗水扶輿之蜿蟺厚矣謂臧氏之獨當計文

○飛○光○遠○射○劍○仍○在○

○手○此○為○妙○手○空○空○

仲亦早不以為然耳故文仲之於位也俾之無可諉而媿俾之有可

信而益媿也而從容指定應辨白以無從論非直褻其寔以為斷則

聞者可詭以自適言者亦幾浮而無稽其心究有所難屈而吾初非

○如○此○用○古○無○非○新○

論文仲之浮也茂官族世功宗邦之支屬茂矣惟臧孫之有後計文

○奇○

仲又非必執以為然耳故文仲之於位也嚴以奪之而難稱切以子

之而仍難稱也而歎息流連稍調停而不得謂為竊位不其然與第

蹈夫嚀沓背憎之故習猶不過貪位之常情而仲匪直此也則名器難假已懸斷焉有忝耳時濼夫生前元聖之稱寧不足為慎位之根抵而仲乃如斯也則盛位無光試舉似焉殊玷耳吾嘗過柳下之墟不能不悼歎於知己之難卒無如竊位者何也

本房加批

竦輊身以入雲那有一點濁污得近其妙覷知字尤探得珠耳

臧文仲其 一節　儲在文

論大夫之竊位重蔽賢之罪也夫惠之賢知之莫知文仲而蔽之亦莫知文仲也故正其罪曰竊位且夫國家之位所以處賢者而立乎其朝也己賢位屬之己人賢位即屬之人夫屬之人與己無與也亦（折入竊字筆勢甚峭）明知其與己無與也而必蔽之以自固其位若是者竊也先大夫臧文仲身相數世名顯諸侯自莊之末以迄文之初其歷位也久矣抑其知人之明且有奉其言而罔敢失墜者自我論之其竊位者與何則無定者位文仲之位非文仲之位也世無賢者則已耳世有賢者文仲不得不共之難得者賢文仲之位即文仲之位也不知賢者斯

已耳苟知賢者文仲不得不讓之今夫柳下惠賢者也無駭之後不載見於春秋而惠篤生於其閒是展氏之良也夔父以來屢貽羞於宗國而惠傑出於其際亦魯國之望也未文仲也而不知之乎盍觀

原評還他兩証却原本題語字字精確

於北鄙之役事急矣則汲汲乎請其辭且藉之以行育物而謂庶幾其可也夫惠之賢不特以辭即以辭而足以保邦足以卻敵則既知其保邦卻敵之賢矣而齊師退矣胡未聞入告之薦也進於爰居之祀計愚矣則沾沾乎佩其言且書之以爲三筴而謂不可不法也夫惠之賢匪直以言即以言而可以知來可以識變則又知其知來識變之賢矣而海災驗矣胡未聞同升之舉也蓋知之而不與立也一文

本朝考卷大題條中集　臧文仲　儲　論語

二股借實形生以見敝緊之邦

仲以前有引賢自代者鮑叔之於仲也必生致之矣不寧惟是晉文之霸也趙衰實從行而被廬之蒐胥舉卻穀即下卿之位且不敢當也迨襄之世始佐中軍而位之以賢遜及者不聞以先時竊之矣文仲而後有以賢事君者史魚之於蘧也以死爭之矣不寧惟是鄭政之難也罕虎以次及而良霄之亂即授國僑彼執政之位固不敢貪也終簡之朝止治家事而位之得賢而稱者不欲以非分竊之矣彼

斷續離合古文筆陣

文仲者處二事之際托大賢之上身都勢厚引薦罔聞人未有識其尸者而彼亦泰然以安之夫無其德而居之非其有而取之耳知其才而抑之忌其有而權之耳坐使賢者淪亡邦國殄瘁而竊位之罪

淇又奚迹也哉

論臧孫蔽賢處俯仰上下中藏一部春秋原評

中間特拈二事以繫其餘為文仲蔽賢證據後幅歷引薦賢者與之相形上下千古淋漓痛切

臧文仲其竊位者與　謝人驥

聖人追會事可為之時而咎夫位於從政者焉蓋自季氏竊魯之（一篇主意）
勢成雖聖如夫子亦終不得有所為為之者文仲其時也竊位也
慨意良深耳想其立定哀以指隱桓中觀文宣之國故而不禁有（斬然而來）
感也曰興治恆於中葉謀國責在大夫或謂時事汙隆皆立國運
會使然夫誠運會也天之生人而成位者將奚賴焉先大夫臧文
仲之秉政於魯也值齊晉叔霸之初宗邦著望異數時錫於天王（二比按時勢以立言可謂識題竅）
而大小列辟每以邦交相引重況乎史克作頌以來多士奮興人
心尤大可用也當孟季分卿之始而補書臧忠蓋方嚴於公室而

樵溪會課　下論　初刻

同寅交贊無間臭味之差池而且行父崙柄之謀蘖芽未生旁掣更可無虞也觀夫使齊請衛四鄰大仰其功名立德畢勳舉國皆惟所左右當斯時也在位有仲乘可為之勢挾得為之權負有為之望吾謂家國方昌而天下可庶幾也乃列於公朝位曰世卿者

從位字說到崔臧止

章也使仲而念章扶之義將惟公家之利是為謀所以光魯焉夫親尊之訓芹藻之風其未泯也至道之幾庶幾可藉手以告厥成

字扶風霸

而成襄以後柄不至於下移仲誠邦家光矣乃由今而責以扶之之義先大夫而有知也其何以對元公禽父啟魯之靈而無忝與命於王朝位曰陪臣陪者貳也使仲而顧陪貳之名將惟一人之

戴是依并求所以光周焉夫棫樸之化鐘鼓之音其未衰也東周（法射下意）可為諒必有先余而酬其願而莊僖以前權且逐於至一仲又王國華矣乃迄今而問其貳之名先大夫而可作也其何以告穆考寧王造周之神而無靈與且夫所為貳與扶者固不必其自為（緊美下意說來亦一步）也仲之時有善為貳者才亦有所不逮能亦有所不及而虛公退讓之懷天下仰之到於今被之在位者咸嘖嘖焉夫施伯之謀不（為不與之對照并齊御下引分大者妝病）從謂魯可無慽者正以所期於仲甚大而鮑叔之勳且畢無高論耳顧同為大夫而貪鄙之私獨不可以告人豈夫不欲與周故雖明指如中乃反出前人下耶（仍留遜步）仲之後有善為扶者功亦不必自己

出治亦不必自已成而光明正大之概一國賴之數十年戴之有位者咸以風焉夫國僑於道未純故鄭亦僅自保也使予所幸於仲而中彼予皮所為方滚滚美耳顧同執政柄而擠擠之隱亦不堪以自問豈天不欲興魯故雖徽稱如仲而亦忍為此態耶盖論其歎乎位中則膺天職而莫逃曠官之罪也且據其戀乎位外則受國秩而難逭罔寵之誅也謂之曰竊何辭之有夫上下數百年之大夫而得一文仲上下數百年之大夫得一文仲且復於其間上下數百年之賢而得一柳下此其於時會相需何如者此而尚無望也魯自此不可為矣而世顧獨以竊魯為季氏罪而文仲之

管○鄭○子○產○正○為○僻○下○塗○高○識○力○仰○察○絕○倫○

大○擬○風○題○蔡○綱○始○蘇○

結○穴○處○正○如○

教○明○主○意○

竊位則莫之知也

關照下意猶人所能難其詭論雄肆筆力豪邁酷似大樽先生

讀竟為之起舞　高永漢

具上下千古之識而有健筆達之仲宣體弱不足起其文對此

應為之却步　孟朝舉

第三十三冊　卷九十七

臧文仲其竊位者與　三名　嚴思濬

責大夫以竊位誅意之論也夫仲有其位而跡類于竊夫子責之意欲明臣道于天下與且古大臣靖共尔位以事一人其受祿而不䢖者即其問心而無慚者也苟不明于事君之大義即被之以惡名而不得辭非無所辭于其名謂夫處非所據者早無辭于天下後世也吾先大夫臧文仲非儼然有位者哉古者大夫不世爵惟明德之達人建官則必求其後仲以公族之良漸歷執政則（二比先將仲之位出）世及為祿位固有所自貽古者諸侯無專封惟東遷之季世世卿不命于王仲以宗国之望備員上卿則拜爵公朝位亦有所自

五

受此而罪之曰竊仲詎心服者雖然亦還取仲之心一叩之乎大臣不親細事要有其理之所宜先問錢穀不答問兵刑不答而獨（一字○好○[illegible]○子○無○立）此休休有容之量必有其不㤥者焉試觀帝舜受終地平天成不盡勞其智慮而惟帝載者惟傳其明目達聰之大蓋位宅百揆理有宜先耳仲之所能毋惟是爰居逆祀之訾訾也乎乃明明以理（絕○妙）（正○祀○不○臧○立）之不容緩者而若罔聞焉則並其所辨急病選事之言殊失大体也竊據理而責以曠瘝仲固不能辭其咎矣大臣亦兼衆職又有（理○分○二○意○正○大）其分之所得盡念榮懷由己念杌隉亦由己要必此斷斷無私之心寔有其不愧者焉試觀元公負扆禮明樂備雖統攬其成功而

臧文仲其竊位者與　嚴思濬

述王業者惟稱其吐哺握髮之勤蓋位總百官分有宜盡亦仲之所司寧惟是請糴分田之瑣瑣已乎乃明明以分所不得辭者而姑恕置之斯又何惑乎廢關織蒲之舉更多遺行也即引分而律以尸素仲亦無所逃其罪矣且從來利人之有者為竊非所應有而攘之亦為竊迹不同而苟得之心同也朝廷辨論官材騎富取覺何事不出于大共柰何居之不疑竟若生是使獨乎意者天數不廢以還別無表見不朽者耶不然憑權固寵君惟不以是罪之而在梁與刺知論褒之隱疚良多耶侵人之有者為竊畏人見投而密防之亦為竊事不同而患失之心同也國家旁求俊乂懋

情致總暢

[illegible]

嘗慨焉何一不出以至此奈何假而不歸反恐實偏處此乎意者孝子父母之養果無有礼于君者耻不然程功積事友惟不以是責我而貧乘賠蓋知私心之畏偏殊甚我闕陳尸納諫古有良臣薦僕同朝沒有賢論夫非不懈于位者乎何仲之獨下展禽也夫惠即不獲立朝亦復何憾獨不堪今居此位者一靜思之耶

對定下文描寫竊位詼諧笑罵前致俱佳爽人之筆何妙如是

臧文仲 罷

臧文仲其竊位者與　龔孔傳

以竊位論魯臣義即繫乎其位也夫文仲於魯位崇矣正惟崇而夫子愈不能釋然也竊位之論豈無以服其心哉昔狀子署以文子衛公叔氏矣其易名之而在位時位望之允亦不必言也夫人臣非無令聞之患而無功實之難即我魯勲族所稱舉施不朽者吾子適過事權所歸蓋猶不能無餘論深惜焉曰聞嘗學為臣矣衡以天職天祿之公亂在適當其一期無作容焉以三總六德之義官材幸處其先慎遊勿望甚矣位之報稱非易也如臧文仲豈非勤於位者顧吾嘗詳觀其在位時殊怪論者徒震於其名而考未審也人臣不拜爵

予朝也苟有以予之則亦順而受之受之而與未嘗予者同是即示
○○○知○己○閒○合○自○佳○
之有予者而無因獲矣仲固謂世官世祿我先公之舊典於今為烈
乎顧乎心以論其公然指陳而足任抑隱然驚顧而不寧也遐想帝
○調○高○而○龍○長○
廷大功二十大臣不必獨擅平成風烈不流輝史冊也哉而如文仲
○此○中○有○寫○字○意○到○
者是亦犖犖之錫而受焉者也好爵之予我是縻也既異於無之則
亦從而有之有之而與素嘗無者同是即本其所無者而非分享矣
仲固謂報功報德我先人之邀寵延茲來榮乎顧指摘所加其勃然
○流○水○游○萍○
聞聲一自理抑靦然黯喻而無辭也為溯我周四方維則大臣未嘗
獨著顯昂聞望不且被之雅頌也哉而如文仲者是亦君子之器而

有焉者也夫循分自效百爾所恃以報最考不次進而辱我卿材蓋所屬之地異矣曾廷既委國而授之即舉所以庇是國者而並之文仲豈未之計及焉而忍心至此處國之右而隕其名即立言不朽當日所奉以相推者未敢援以光其盛位益所繫之望重矣魯邦既舉國而仰之即當審所以禪是國者而答之文仲何不思出此焉而遺議至今幾怙其非而不可訓非竊位而何噫文仲無以對柳下惠之知即無以自處也在位中有是人而生居朝列歿享榮名吾是以遐溯焉而不能已於歎也

雅音適合題神

本房加批

鋒發韻流吐棄不知幾許

第三十三冊　卷九十八

趙孟之所貴　　李文銳

係所貴于晉卿、明其為人之貴也、夫趙孟亦人耳、其所貴奚足重哉、然欲明貴之在人者則所貴固係乎趙孟耳且人之貴于己者欲于己之外聞貴所從來而不得也反而求之即是矣若乃內舍諸己而外諒于人則將自公朝思由私室賦榮貴之權以相假者固凜然而不敢稍忘矣今天下之人弗思哀貴者莫不交口而稱趙孟矣夫晉為仕國而識為正卿趙孟誠貴亦豈生而貴者適當蒲城之從趙宗未盛貴非世偉也乃自成宣以後歷相晉君而趙孟之貴遂冠于六卿之上迨下宮之難趙祀幾絕貴無常家也乃自文景以來世執晉柄

而趙孟之貴滿者乎三晉之中一斗晟紙戶滿樞之乎宜情忽熾共乞
趙孟之餘榮曰大大夫當知此也而趙孟之門如市焉御市衣韋帶
之人趙從偏工辟臺趙孟之下風司欲可取而代也而趙孟之側若
對上
驚焉乃趙孟從而辭之能令公喜能令公怒務敖吏以登朝借勢盈
漢書對晉書
豨非苟而已也而趙孟用意用之進不由有位涵其任增交遊之光
戰兩筆作戶訣　二比一剩題
羅勞位富厚蓋可忽乎哉而不知此貞趙孟之所貴身一撫其衆衆者
二六句二字妙育氣韻　分丁
其榮矣乎而憶疇昔之周旋錫自誰家也則趙孟之聲靈與貴俱顯
矣而懸仕之領高屬權門之故愬佩其存存者其華矣乎而念先時
之薦然賜自何人也則趙孟之赫奕與貴常留矣而峻秩之來有以

吾身之尸位而吾知保其貴者必至也仕宦之術日久而愈工則常原批二比淵合盡致浩好趙下

追昔歎豈曰自我得之自我失之乎而吾知全其貴者甚難也顧者

之心時移而漸疎則忽怏令情恐其賀者在門弔者在閭耳蓋至夫對比

意于趙孟而貴復何在耶憲能賤之矣

對下能賤以追隨之所工字妙有書味非猾手所及

趙孟之　李

遠之則有望　山東　朱子璠

望著於遠情殷而寡過矣甚矣遠人之情不易孚也君子獨有以
致其望焉其情殷其過不亦寡哉且君子操三重以[illegible]而之
所豎不以時限也亦不以地阻蓋制作已底矣備乎世[illegible]及
於淑荒一時之景蓁紛殺而摧截恐後者離異也不得自為區
卜○遠○字○與○境○所
氣矣觀於世道世法世則寡過之徵于後世者何遠也然以
當日之天下亦自有其遠焉者今夫天下不可齊者勢也而無不
可通者情也王者不尚要結之私則禮明樂備織以盡職分所尚
開○合○收○應○有○有○身○分○有○意○際○細○
焉而無他象居初不必求遠於下界之生人其斯心理之同則向

風气亦罔非秉彝所自具而開風感激究何嘗使王化於三隅

蓋勢之遠者人自邇東漸西被不必出繼隔界之殊而情之隔苦

望自殷南海北海咸知元后父母之戴然華之思有強而致焉

則以君子之鼓舞乎遠人者至也亦非有而獲也亦以君子之

動乎遠人者深遠億兆向背之機鼓之以傳聞易動居恒讀書

懷古自不勝唐虞三代之休而流連慨慕悅由逸於隆古而況覩

雅化與風教之激發者神也神斯遠矣想君子何明以四

從有卯寔際冕出題小剛宗早已盡露

方之觀聽悉歸聖主之經綸而制度煇煌者有肅遠人於疏

邀凡自恨仰慕之虛不若親炙之實也而引領者已不謀而合矣

宇宙感應之故出之於遐想則於真夙昔遐慕王風身不逢文武
以本朝之世德作觀
成康之盛而弔古傷今猶思揚抗其休嘉而共歌燕喜則性情之
浹洽者久也久則遠矣想君子德位兼隆而後王朝之
乎九州之寤寐而文章成功在在有以新遠人之耳目自帝想
然亦次入一層說
像之情多而享王之會少也而環向者已不介而矣藝雖芸生
喁動感知沐聖人之恩膏乎棊布星羅然人類耳由德性之蘊
寬疏朱刻有二字分際
蓋由著彬郁之觀瞻則心與心相感千百里有一心焉不僅獻共
球者有列侯貢梯航者來萬國雖殊別塵處咸知承聖人之德意
而已舟塗亦由人境耳由學問之精緝發越於之大業則情與

情於民乃萬人有同情焉又寧僅織蓉於下撫重譯且至而戚望吉越裳盡道貫天人則布之政教鄉使老[illegible]宦也[illegible]日照曼之[illegible]而治冠今古則樹之風聲仰慕者總不勝翹足之思觀於是和遠之過寡矣

蒸蒸勃勃如釜上氣甚其不轟負題中則有二故非外強中乾者可擬廖南[illegible]

全從君子本領上看出望來不徒則有二字醒透已著落

遠之則　朱

遠之則有望　　任啟運

望出于遠人而遠之過寡矣蓋遠之多過惟其無所望故北面於
子則固能致其有矣想君子制作之隆既範乎宇宙斯於名（借聲補）
成足於聽聞夫天下遠矣後世之天下更遠矣爲道爲[illegible]訓
且如此況當時之天下哉古之天子於諸侯有不純臣之義故不
然則修意不享則修文初不務心駕遠馭以略古之王者於要荒
有不治之法故其人則不臣其贄則不享此常有覲問謁使之時（顯補讚頌有體格）
然而望則其所必有也祝蓟焦陳其世有分土者祖宗所締造將（入望字乃眞）（此比遠字就內侯言）
于所統承亦嘗不各修其禮物然而前民之風氣未開則或棄

愚或喬而野不足自饗其民心一卿覲于天子之國萃揖讓
郁郁彬彬其盡倫盡制詢非下土所能及因竊懷不能如朝夕在
廷者得近天子之光也則遥而企之矣窮髮跣其則為異域
器械有異制衣服有異宜久已自為風氣而草昧之荒寒
闢則榛榛而處狉狉而遊不免自憎其本俗一遐想于王者之化
物聲明而蕩蕩巍巍其西被東漸真屬人生所未覩因深慕也
待重譯而通者天之限我於方外也則環而共之矣夫人主懷柔
崇高之勢凡可召而至者皆非所難故織文自兗璆鐵自梁後世
只定為常賦而獨不能得者惟此翹首企足之情蓋其望也非兵

小題　中庸

子使有之乃其人自有之也率仁作親率義作蔽其自有者不亡
從蔽圖繫屬而生一人主極其汰侈之意凡可招而至皆靡所不為
仍頂外一點
即越裳獻雉西域旅獒後世可飾為盛事而獨不能假於惟以
風慕義之忱蓋其所望者惟天子實有之斯其乃自有之矣
有○之○故○在○王○者○
身其倚也愛其持其實有者并不藉鼓動虛聲而書曰皇建其
此想不有遠也望于何有哉
有○之○故○在○遠○人○

遠字有着落故望字有情景　陳亦韓

從所以有望處歸根三重握題之珠入於位與遠之兩兩對照
情景都從遠出此秀發飛揚未嘗不向筵沛見旒須以

任啟運

遠之則有　二句

四川馮宗師歲試　胡璿
敘州府一名

工化不限于地、遠近皆寡過矣、蓋遠與近皆三重所暨訖也、有望
爲不厭爲、宇宙不均寡其過乎、且王者以一身立創制之謨、其可（直刺題名）
必者久大之宏猷、不可必者億兆之傾心也、乃一人自化其驕而
得寡過者、不以時阻、亦不以地域、爲則世道世法也、則之君子既（合拍）
示天下以率由、寧難合遠近于同風乎、明倫之朝、本爲人生所樂（反振題神）
觀、然境隔于遠、則不能損改其風氣、今觀至者之民近不遺矣、遠（虛寫望字）
亦莫禦、蓋聲名文物、既東漸而西被、則未嘗曰屬在要荒、遽忘仰
止、羨倫之觀、原非下土所能[illegible]、豈地處于近、詎能忽念

觀王者之民遠者来矣近者偕悅蓋因革損益悉盡制盡倫則
未聞曰庇庇諸字下尚有數思化見其遠于君子者則有望而已矣
（正龍不歇）
近于君子者則不厭而已矣渙而雜聚者遠之勢也身既托于異
國曾無由近天子之光亦何望于君子乎即或獻雉来自越裳旅
（互融清析）
獒貢于西域不過循其故事而遥企瞻共之忱遠者當不如近者
之切乃君子體三重于身心有禮而天經無不遵也有度而天則
無不率也有文而天章無不循也引領者既不以土地之殊多其
（寫足題義筆致採曳）
沿革方且嘆近之云遠不能如在國者之得近覲其休也則秦越
異視者誰乎久而生玩者近之情也身日覲于闕下未嘗遠夫王

者之幾亦易厭于君子矣即此往役力于三冬正供勤于終歲亦皆視為具文而感恩戴德之象近者恆不若遠者之深乃君子布三重于經綸奉人官之禮鼓舞而不衰也守人紀之度會歸而不殊也沐人采之文咏歌而不輟也愛戴者不以為聲歎之下生其疑異深幸夫天顏日近不至若在外者之徒遠企其盛也則俟奉（波為首生波備者成）章程者誰乎夫立言立行之修原非為圖結於宇而坐況乎聖天子端拱垂裳無不可得之于民惟此聞風服義之誠有來可以強（高調理密遂解沉雄）致者茲何以敷教所訖日月仰之性情將之也深宮不聞懾服而興讀者遐思咫尺者就範在昔豐岐怙冒之年虞芮傾心上溪懷

德遠近不賓入而旋共后之心歟抑爲法爲則之故亦不緣抗揚
朝廷而起獨是恩賚雖日用飲食無不可奉之于君而惟此景行
永哉之隱有非輕以樂予者藝何以至治隆乎聖明欽之寤寐以
之返閭闔菲以遊榮而向風者慕義服教者長神在昔孟津大會
之日觴航萬國謳歌域中遠近不已悉斂而仰一人之極哉民之
寡過不限于地如此而非君子修凝既至居上不驕以三重王天
下能如是乎

體大思精氣充詞沛酣滿　國初人筆意　湯修來

〇〇遠之則有　合下節　　三名　侯峒曾

徵民情於違近、而識譽之自焉、夫有望不厭、而譽固已彙矣、要非有

識譽之所自者、可倖致乎、且王天下者、誠不恙己之譽寡、而患民之（開講却干）

過多、夫即一人之有過以徵兆姓之寡過、則譽亦何可少也、有可（遠〇邇二句未能扣住〇）

顯之懿〇以貽四於萬象之中〇必有不可顯之真〇以默徵於無心之內〇

丹子惟本身徵民者如此（先〇伏〇如〇此）故吾就世世之天下、亟言之、遠耶、近耶、夫（首二句）（經王）（心之字）

非均沐浴於王仁〇而不能輸寫者耶〇郊圻蜩〇　隔情性之世

〇劾則不〇分承流與望澤無分〇而意象之〇各傾又蒼微分藪樹之望〇色

有望矣〇孰民之暌〇〇不厭矣〇（真〇從〇彙〇名〇字〇）盡譽可知矣〇何也〇彼其所誕敷光被者〇

稚業　本藏　庸　萬曆戊午應天

是何飄烈而謂無與俯之忱彼其所淪肌浹髓者是何神情而謂無（詩詞只點終譽二字又發出來了吾又從此二句發後）頓寫傳之纘言哉終譽之詩若為君子詠焉則人人此乎豈非以如此而蚤有譽于天下乎蓋君子之天下固久所環紀而或而君子有譽之天下是即黍贊彌綸所驅醉而出其無惡（以無忝無射以發譽了了）也惟其如此耳不如此即惡之基矣怨詛之心滋斯聖[illegible]也戚臧而（說了二句）孰誘此無情無識之遠近以彰赫赫之聲其在此此無射射惟其如此耳不如此即射之根矣倦斁之心起斯雲日之景衰而孰愚此有知有覺之遠近以振隆隆之望從未有如此（望纔）而不譽者則從未有不如此而蚤譽者乃知讚誦謳吟一一皆聖神之實際而不必謝其名

抑洋溢施及。一了根夫婦之樸心。而又不得飾其實。洵君子之能察過矣。

全篇以遠近二句打入書中頗有典起處即伏如此二字。中間直落書字。竟就首二句說明二子惟如此故書有譽于天下。則不如此而不能有譽意。後幅說便轉。布局之妙。可益人無窮神智。

遠之則有望　二句　壬午白下作　陸　師

制作通乎遠近，而動罔不宜矣。夫不宜於遠，望何自生？不宜於厥何由氓？三重之道，所以通於天下也。且君子之道可以傳後，而不足以爭當時，吾不信也。夫遊聽者風聲近，光者情壯，而大則鄰未執也。〔清真絹勝〕事未安則情易倦也。自非聖人作，觀何以使光照於宇宙乎！如世道世法世則，在奕世且然也，而及世可知也。是可以覘君子矣。從來遠之得於所聞服之距也，五千域之正，尤有誰不懷道德於京師也？夫改正朔而異制度，聖世誰敢出？矧苟非延頸企踵，樂觀乎文物，攷名而生愛生敬，〔渾〇入〇云蒸霞蔚〇〕未可云有想

望之生也作遠之為最難耳不見夫絕域公子觀禮樂而[illegible]

遠之望也有知此

百王荒裔小侯雜雲鳥而周知掌故乎如不足饜服乎其心則

想望衰也即上之聞望替也君子者出而聞風慕義者咸曰

國有聖人焉所當率由典常而致身寡過者也蓋至重譯之外猶

奉車書而獻見而山之陬海之澨無論已近之得於所見識

吉情蕩泄

方千里風雨和會土中雖不式金玉於王度也夫觀王章而

憲盛朝固已無之而苟非沐浴詠歌服習乎禮樂法度而順[illegible]

德未可云不饜也且饜之生也惟近之為最易耳不見夫監謗

近之默多生如此

今議君子知其必瀆無射之律乖識者知其鮮終者乎如不

當乎其心則特文貌承之也而非肌髓浹之也君子者出而服膺
食德者咸曰制作乃大備焉所當會歸皇極而永永寡道者也
至罷風而後猶懷矩矱於西京而遵王路遵王道可知也三
道豈不隆哉

典而能腴華而不縟六朝中高品

遠之則有 二句

一名 陸文煥

遠近皆安于君子而一時之民可知矣甚矣君子之[illegible]之盡善也即遠之近之者而有望不厭若是民不由之寡過乎今天下[illegible]德皆上之所為也寧論遐邇哉蓋彼民何德以[illegible]人德[illegible]無[illegible]下操運世之本天下無不景仰而安樂之則上之[illegible]際有程[illegible]民之備德已大可想矣世道世法世則君子之動與言行致然[illegible]然而有道之久長豈待無諸異日固不俟聖[illegible]申藤[illegible]變以起于始信仁義之漸摩久而弗替風流[illegible]得[illegible]而[illegible]言[illegible]迹懸[illegible]先黑[illegible]心知[illegible]知[illegible]應之神速[illegible]可數[illegible]者

乎遠則總在此荒息澤未易遍也聲教[illegible]
之舉動亦在若疑若信之間難乎其[illegible]者[illegible]已者勢也
而獨非所論于此日之遠之者吾知其有望于皇極建而道崇含
古制作宜而經緯天地雖上下四表皆有格被之實遠之獨非人
精有不戴高厚而心切嚮往者乎追至海隔日出咸知中國之有
聖則顯加堂壁之雖萃于一人而想丰采者早四心向道也
是有望固不發大觀在上也又不有近之者乎近則密爾郊圻
備之心恒切願望之意每發且又親聞吾后之風古亦有或繫或
喜之端雖乎其涵濡長養優游而相忘者情也而特非所論于此

日之近之者。吾知其不厭矣。道法備而天人共貫大化洽而宇宙
太和雖草木昆蟲皆有咸若之樂近之尤有厚幸有六淶膏澤而
咏歌勿倦者乎迨至飲和食德相安作息于自然則斟酌飽滿之
休幾忘帝力而托樂郊者久已遷善而不知也是不厭蓋已之[illegible]
極于庶民也已要之總其源則中外之悅安皆由主而所以同民
心而出治道也考其治而柔能之兼盡已善民風于以順帝則而
遵皇路也三重之寡過有如此
宰句明順未能發揮題蘊

遠之則有　二句

馮盡善

寡民過于遠近王天下者之經則也夫遠近之人情亦至不齊矣乃有望不猒如是君子之寡民治也不亦至哉且王者宅中以圖治則四方之環視而聞者皆有求多于聖人之隱聖人不能使遐邇無異地者勢也而其可以使遐邇无異情者道也苟其道不足以合遐邇之情則民過之未寡者究属君身之未善也何以為宅中圖大之主乎君子操三重以寡過豈第世道則世德已哉夫人意中有創見之事而阻于勢之無可如何則廻而為望故望之情較見之情而更切抑人意中有所已經之事而出于見聞之所習慣則未免易猒故猒

鄉墨卷提編　浙西　四十一名

之情視望之々情而迥異則是有望不獻豈非難忍之遠與近者哉乃遠近之于君子何如乎以遠者僻處遐域其于君子之道或遲之既久而後至或速之又久而後至似亦可以無望耳然以議禮制度考文之君子立乎上遠者聞風而慕義則亦何時而不引領神馳也方且謂聖天子明見萬里豈其于畿甸而度然置乎蓋其平日雖浮之甚緩而其精神則視之甚急亦唯有望焉而已以近者逼處輦轂其于君子之道朝發之而夕被發之而朝被似亦易于生獻耳然上有議禮制禮考文之君子近之扶杖而觀化則亦何在而不驚喜報告也方且謂我皇王盛德月新何其于畿甸而不惜厚澤乎蓋生

耳目若由舊而其志氣則常新則止見不厭而已雖望之不如其所望在遠者亦有易厭之情然近既處于遠則于渺不可知之中未嘗不時切無可如何之想唯君子不視人以遠故人亦不遠君子如是也豈必待翠華遙臨而後知天顏之有喜雖見之而不覺習見在近者亦多厭望之意然地既處于近則雖在吾意中所有之事又未嘗不驚喜為吾意外之獲唯君子理與人近故人亦樂與君子近如是也豈必俟聲教覃被而後識天子之有真君子據三重以寡民遠（過）也何如乎

有望不厭無能有此刻劃題多膚廓文字不滑亟賞此作

遠之則有　二句　　劉正訓

寡過及于遠近益信君子制作之善焉夫有望不厭因合遠近而寡過矣君子制作之善不于此益信哉且君子操三重以治天下則四海之廣郊圻之内固將于此歸極焉苟非本天人之理以立其制作洽乎輿情而欲聞風者思慕覲光者樂德熙熙乎昭治而大無外也必不能乃若君子而既世道以世則矣後世如此則當世可亦有托處遐荒謳思而慨慕者乎則遠抑不有屬在疆杖而觀化者乎則近者乎人情莫不歸信[illegible]其寄身[illegible]甸之徒父子兄弟族而謀者每欲覲承謨遺[illegible]事一旦而[illegible]

人[illegible]命須之[illegible]而播之萬方彼以為傳[illegible]夫寄[illegible]之乃
兵也則相與疑之矣如是而欲有望也得乎、情[illegible]古而喜新
[illegible]其耆處輦轂之下父老子弟朝夕而籌者每[illegible]得一二新獻以為
矣[illegible]久之而明堂布化如歷其所[illegible]經如晻其所固有彼以為舊[illegible]
之[illegible]守何以耳目之維[illegible]也則相與玩之矣如是而不[illegible]也[illegible]
而以觀王天下之君子其一時之遠之者何如近之者又[illegible]如山之
陬與海之籬與其與君王亦渺不相接矣乃終無患于[illegible]隱者則[illegible]
制作之精意有以入之也試觀一王之法其因革損益方且可以合
高卑可以通幽明可以貫古今而獨不可以服遐方乎謂一人神聖

其本乎睿慮而布之四國者不齊雲漢之昭回馬瘏寐思之而得不張云刻劃有筆妙示領企之也其有望也殆實有聯四海為一家者不然何山榛隰苓之慕何以獨繫于西方也哉沐膏澤與咏歌若與其于王制亦有不知矣乃獨覺其可樂者則惟一人之心思有以造之也試見聖王御宇而創制顯庸方且有以待兩儀有以體陰陽有以開紀緒而上不下以洽哉內乎謂一人有道其之彌親而思之靡斁者不啻飲張云劉不泥妙食之樂術焉耳目親之而得不神明既之也其求也亦實有徵於心而罔閉者不然而漢廣江永之思何以作南也哉寡過之及于遠近如此君子之譽所由起也夫

明若

逐字洗發此下筆情琢句亦秀集

遠之則

遠之則有望（中庸）　薛瑾光

遠之則有望

山西一名　薛瑾光

望及于無窮有以寡遠者之過矣夫遠人之望最難洽也而乎君子則有望焉其寡過寧有窮乎今夫天下之境固甚遼濶而難齊矣而漸被無由者遂諉于風聲之所不及豈知聖天在上初不必有邀結遐荒之術而一朝之德化足以屬四海之隱情心爲嚮往於以徵無悔無拂之治焉一世道世法世則其備著于君子一身者意量所涵既見爲餘韻流風之播而精神所及自昭于遐瞻遜聽之餘蓄庶民之視君而有所謂遠之者也一地濶則俗多殊而經綸之有在則不介以孚特恐在我之感被無由而分陽情睽五方

遂自爲其風氣令行則政可一而德性之相依亦不謀自合是以王者之制作大備而畏神服教八紘皆克協其景從益遠者之望有歸也亦惟遠者之望難遂也自君子克有三重以寡過于天下吾見彝倫之攸叙品物之咸昭文章象數之相傳而相習其無遠

根三重來自合題旨

不屬望固有獨屬于君子者矣創制顯庸之大其體僭于一人者徵諸六合之人情而成觀其合精誠之流溢不至以謙遜爲慮也故山陬海澨淢疑王化所難周而秀者仰其神明頑者亦遵其法

附是

物蒸人人有亶聰作后之懷懸于寤寐而同異不得而區之矣蓋名教化之施共率履于一方者徵諸多方之會極而悉見其通德

意之感召更不至以睽違而間也故僻壤窮荒浚以為神功所難輯而家則濟其服習國則共其和恒益在在有聖作物覩之想結于隱微而山川不得而隔之矣此不必憑權藉勢顯行其驅策之（與小講略從）私也觀其所感覺君子之教思有與遠人之性情默通于無跡者祈以占風入貢重譯来朝猶是遠人享王之常而蕩蕩乎早已（詞氣端可玩）絲于百國之奢儉貞淫群禀命于聖朝之官禮亦不徒慕化投誠虛將其瞻仰之意也無思不服竭遠人之寸衷有與君子之神化相漸于不知者所以遐方異吏藩國来學猶是遠人遵奉之迹而之綱之紀又已化億萬里之殊風質俗皆仰止于峻德之昭明更

觀于近者而寘過之量不可徵于庶民乎。

寬博有餘。春容大雅　原評

氣充詞沛。舉業中正當之作。

遠之則有望近之則不厭

儲大文

合遠近以徵民情咸克寘其過矣蓋遠之近之君子之所宜徵有望與不厭民之過其胥寡乎今夫君子三重之道徵諸庶情而歷久而將徵其日新必初新而已博徵於可久夫天下天下之民至渙其境不同也其勢不同也其情亦不同也蓋雜寘也實甚而君子固有合而咸宜者則試由其世為道世為[illegible]則而徵之于遠徵之于近徵之遠而欲遠者無失其為遠也未言也徵之近而欲近者無失其為近也未易言也徵之遠復徵之近而欲遠者無推而遠之近者彌引而近之也未易言也何則然

失至也惧歟厭也而遠之將何如而近之將何如參夫命遠[illegible]
境之界乎地者也合遠近者勢之泯乎心者也先近後遠由近推
遠者境與勢之擴乎外而兼所及而徵之者也視遠猶近統遠
近者境與勢之重乎內而專所及而徵之者也使遠之而不致吾
情吾烏乎致吾情近之而不致吾情吾烏乎致吾情乃遠之亦
而不啓致其情吾又烏乎克致吾情直而遠者之情已致矣其
也則有望矣望之而衰愈切也望之而思愈深也蓋不止以[illegible]
光之類而直以為檢身之要也曰吾于此而不致吾情吾過矣
誦言而佩行亦已久矣而情之易懈者難欲懈之而不啻儼然

近也已而近者之情已致矣其近之也則不厭矣不厭而味多也不厭而神殊凝也蓋不止以為蓄德之文而直以為省[illegible]之也曰吾于此而不致吾情吾過矣吾習法而循則亦已久矣而之易窺者致惟窺之而益覺慜然自遠也已然則其有望也者言之夫亦為遠之者言之也其不厭也為近者言之夫亦之者言之也遠之而望殆集也可以忘之矣而弗忘也夫亦猶夫望之是惧也近之而厭殆釋也可以置之矣而弗置也夫亦猶彼厭之是惧也是故必精而察之而實以天人參徵者徵民之信徵民之從然後統而驗之而遂以遠近胥歸者寡遂之遏寡近之遇

也。所君子之博徵焉以窮其情者益弊久而彌新之民情同沸、矣。功不期顯而自顯聲不期宏而自宏夫強王天下者之廣樂也

大主考徐評

人見其盤盤斜斜局陣翻新而已不知純是一團精力空中迸出擲能使全章神理筋節保動此為窮神之技此為達化之手

大主考田評

局度精嚴元氣瀰漫震川峴力鹿門風神兼而有之

本房總批

其學貫徹事理其才牢籠古今故發為制義雄深雅健渾融

芒自名一家獨立物表經義精秀能調和懐葛大辨兩家長清麗與博兼子山義山之長五策通達治體寔有擘畫氣亦宕雅子瞻少游君舉正則進策不過爾爾論殊醇粹判更遒
比科墨之全才制科之極選也

遠之則有　終譽　　房稿　顧三典

合遠近而致其情有操之夙夜者也、夫遠有望譽在遠矣近不厭、○上○下○兩○截○看○譽在近矣、嗟振鷺之詩其尚思永終哉、且王天下者當思民有可○日○分○明○感之心尤當思民亦可畏之口夫民之欣欣焉樂得于者即我亦不能往而驗其然矣度其以報我以名也而我因待以其所施之實心亦不易動也口亦不輕許也古八人也有如世道世法世則君子之與亦永矣哉○提○譽字○截○清○頭○界之制作所乎百年知其不易而當世不免于震驚渾噩、夙夜二二○亦帶如恰亡亦一二日不及自明而當時逐生其疑似果若是則君子雖夙夜競競可幸無過

亦俟其久而詠足耳安必當吾世而有望我者無斁我者而遂使（從上三句叉入首二句）

之無不譽我也哉然而亦有望矣苟非有[illegible]而躬[illegible]天子（接落超忽）（遠近之期）

之光亦奚止于望也乃其本望也遠之[illegible]歌[illegible]苟一[illegible]

邦域之中而聯沐聖人之澤又奚有于厭乃其[illegible]之則

亦然在遠之者目不覩經綸[illegible]而之難而但思鼓舞[illegible]易望（寫有望不厭意只刻劃語極流逸）

之乎抑囿不譽之矣夫豈無求望于遠而適與遠之[illegible]者[illegible]（直接[illegible]緊）

則遠之譽可倖而要耶在近之者日相束于禮[illegible]文章之故偏日（側重應幾夙夜句）

覺其耳目聞見之新不厭之乎當無不譽之矣夫豈無求不厭于

近而適與近之厭相值者耶則近之[illegible]可循而致耶說在振鷺之

詩。其曰在彼無惡。猶吾言遠有望也。曰在此無射。猶吾言近不厭
也。而即總之曰庶幾夙夜。以永終譽。夙夜之念欲其純。苟動念于
譽。而何以純也。自詩言之。一若舉塗之歌。巷之祝。為夙藏自然之。
券。而不嫌于好乎。夙夜之志。欲其專。苟役志于譽。[illegible]專自
詩言之。一若傾心者。戴德者。為夙夜必致之符。[illegible]益。于為已
譽在彼乎。則已遠之矣。詩人曰。爾毋謂七八致。[illegible]有巢。
其本者也。譽在此乎。則已近之矣。詩人[illegible]近可欺。爾曰。
夜中有持其權者也。然則君子可以有[illegible]不獻者為可恃乎哉。
串攝迴環。妙極矣。而無一不自然流出。經營之迹俱化。金德

捲

（暗帶近字意）（暗帶遠字意）（亮遠近字飛舞）

上下融洽。情流義強。以字句點綴者。分別矣。曾上下床頌　吳企

劉小題清雅　五十三　仲肯

○○遠之則有　合下節　　顧宗孟

有所以洽遠近者而譽自溢矣夫有望不厭譽若斯之隆也豈不如此而自能洽遠近哉且三重之君子一本於天人之知則其穆然與天下相攝者不在名家之迹矣無象而遐邇皆其名也無名而天壤皆其名也何也天下漠矣每以遠近之勢而岐彼此之形而一黙[illegible]轉嚮於至躬而其誹譽乃遞流傳於衆口乃[illegible]子之[illegible]如此矣如此而參前後即如此而洽帝王代莚之[illegible]幽明即曉此而格聽明畏之衆志而不違之不有望[illegible]近之猶有感一若跂而一若急其傾洽何誠也一以為雲日之戴而一以為[illegible]

萬曆戊午應天

飫之飫此其謳思何切也當其時隱然而特起者聖明之頌乎夫聖
直寫題字
明之頌固有非聖明則不頌者乎赫然而常[illegible]懿之稱乎夫[illegible]
壁之娛搏盃走末句
懿之稱固有非顯懿則非稱者乎而吾乃[illegible]務[illegible]於天
下之過在天下譽必不在一人而吾又知君[illegible]之先[illegible]於一人
也過在一人譽必不在天下蓋其經緯之獨精者已攝[illegible]世之
提將有紫不歌打入紫中
志故還從瞻望之下玉揚有赫之靈其淵懿之獨[illegible]者已深入乎肇
載之心故每從厭飫之餘歌咏太平之象有如此而永譽者矣乃有
入詩語
不如此而發譽者乎則詩之消惡射而洽彼此者謂何聖世原無梗
聚非合有情之類盡為攝志誰徵上之不驕草野不能媚主非從赫

濯之表、銷其貳萌、誰謂民之善倍此、眞能主天下者、必歸君子矣。起處先伏如此。中間直落磐字與侯作同法。而此將引詩到後方歎。更爲奇變。遂之此題須將有望不厭打入磐中過處。直走末句方爲得法。若將遠近彼此夾串而在則詩意淤頓一番則局便散矣。

遠之

顧宗孟

遠之則有望

乾隆庚午山東　欒廷鈔

即有望以觀民王制及於遠矣甚矣天下惟遠人難格也乃其有望如此則當世之寡過不先於遠者驗之哉且夫哲王在上而四方向風非其民之易理也不可易若朝廷之典而無所聞者草野之心蓋惟大猷所秩有以樹之風聲而慕化之忱乃不覺推之四海而皆準也試即當世之寡過而先觀之於遠盡井分疆而後繡壤交錯非提封之治邑即神明之故墟也業已自為其風氣豈能含素習之條教而進奉一人踐土食毛之衆狉榛雜處非山陬之椎髻即海籬之卉服也既已阻隔夫關山豈能合鰈遴之寤寐而

媚茲天子乃王者之世制度具舉規模逾于遐方而萬國來同王道載廣九有遠則有望有斷然者憑雷霆之勢而欲震天下以威則遠者易至於攜茲何以威不能服者且引領而歸也梓人輪人之節孰不賴器而利用內史小史之學孰不會意而諧聲上庠下庠之教孰不日用而飲食四方縱有莠民豈能入聲明文物之世而別具心思耦音澤之施而欲結天下以惠則遠者易至於驕矣何以惠不能結者且翹首而待也華路藍縷之區忽傳矩矱于冬官鳥言鴂舌之鄉忽協歌吟于瞽史被髮文身之俗忽聞典禮于秩宗君門雖云萬里豈能當畏神服教之餘而不輸忱悃人第見

組帛元纁來四方之珍幣以為此化之同也不知此特其迹焉者

雍容華美都是經籍膏腴

耳聖制之垂固有聚聞之而倍新者所以邊域之遐父老咸請置吏而荒遠之裔子孫亦願來遊則風教四訖而山國澤國無閒龍虎之節矣人第見秬秸粟米集五服之正供以為此風之被也不知此猶其常焉者耳興王之法固有廣推之而無外者所以重譯之國溯海水以來朝窮髮之邦驗東風而入貢則大觀在上而修容修意不勞文告之詞矣播章程于千百國而自他有耀大化所以稱風也布聲教於十二州而好音可懷遼野猶得問俗也此遠者之寡過也切近者又何如乎

不泥為盛朝誇勝國。際貼三重。總是本章語鍾鍊處，更極典雅

名貴。宋應璜

遠之則　樂

對曰異乎　合下節　　三十九名　王于桐

狂士同其撰于聖人、當知聖人之所與諸賢也。蓋酬知之言、點為虛而三子較寔、豈知虛者與之、而寔者亦未嘗不與乎、嘗思聖人之下人。甚不可測也。既期人以用世。而不用者反見許焉、方許人以急世。而欲用者又無識焉、在聖人自有權衡。而為所許者不自知。則就人論人、都亦所以自鏡也。如點承于問而從容以起也、想亦念三子者之言急乎酬知而斯時之知我預安在也。因而念三子者之撰、必待人知而未來之知已難預料也。是以異乎之對、莫[illegible]撰本不外素油然于見在所安之素而天時人事忽起而成

（安。頓。恰。如。題。氣。）

（洒。脫。人。風。致。宛。然。如。對。）

程墨慎言錄　合[illegible]　康熙癸巳[illegible]

言之遺情非凡擬担然于日用所履之常而進退周旋轉盼亦成所往之迹以此答夫子于夫子之本意豈微相蒙乎故若得之

分入合開出下二比机致相生

意外而又若得之意中也其得之意外者皇皇于齊陳宋衛之郊于識不以為過勞而不謂點竟超乎此也時因乎天勝因乎地興因乎人覺周流轍環之可以不必也其得之意中者落落于東山泗水之間在于亦覺其自得而何以點遂見及此也無所于意無所于必無所于固覺老安少懷之隨在各足也因不禁喟然歎曰

轉入下節爽健

吾與點也然有點之言而遂謂可以無三子之言有點之志而遂謂可以無三子之志則又不可仰觀宇宙當前之境遇何所不樂

故對時有物黄農虞夏猶在人間點之志也而不得以點之志概

置夫三子之志也伏處草茅他日之經濟何妨預卜故得時則駕

禹樂伊旦再見今日三子之志也是點各言其志三子亦各言其

大意一言繳醒

志也予因三子之出點之間而曉之則其始之與點者今又何嘗

不併與三子哉乃知曠達非聖賢以正時亦有類于曠達者用舍

兩[illegible]分收緊有[illegible][illegible]

無與于己行藏安乎所遇初非以石隱自鳴其高功名詎理賢所

趨時亦有取于功名者窮則獨善其身達則兼善天下亦不以乘

時自小其量不然其不以點之撰為曠達之流三子之志為功名

也者發希

程墨愼言錄　論語

程墨儎言録　評語

點意原不在異與。三子意亦不在同。各言其志一語。正是諸賢之全相具足也。落落寫來風情岸異。恍如見杏壇師友相對神味。於此筆墨自非食人間煙火者所能。孫子山

對曰異　王于桐

對曰異乎　合下節　一名李徵

志不邁于異、所以各明其志也、蓋點異三子、點亦各言其志耳、彼三子者何獨不然、且人至于聖而後能會天下之同亦至于聖而後能容天下之異○故分聖人之同以各成其異、異者賢人也○合賢人之異以統歸于同者聖人也○處賢人之列以窺聖人之奧而或能異乎賢人之異○以同乎聖人之同者狂者也○然狂能偶同乎聖而未能身造乎聖之所以同則狂能自異于賢而不能渾忘乎賢之所以異夫而後知萃天下之異以為聖人之同者乃收天下之同以聖人之異者爾點也言志于三子之後而獨曰異乎三子是

（統渾括全題不支不漏）

[illegible]墨真詮錄　論語　康熙癸巳山西元墨

程墨愼言錄　論語　康熙癸巳山西元墨

晳所知三子矣。晳知三子之言何如矣。亦然而曷稱乎異耶。夫

總挈却足點前提撥

點之志則何傷乎異。異乃謂各言其志也。且三子之志又曷嘗不

點此語句兩二打合

異。亦異異乃謂各言其志也。莫春耶。春服耶。點與童冠同此春。則點

亦與三子同此春耳。乃三子不能與點同此春者。點顧能與夫子

一片天

秘却是兩般神味

同此春也。是可與也。沂耶。舞雩耶。點與童冠同此浴而風之而詠

詠而歸。人何不與三子同此浴而風之而詠之而歸乎。乃夫子與

點同此浴而風之而詠之而歸者。點顧不能與三子同此浴而風

已經二落到下節

風而詠之而歸也。是以後也。故以點為異與。點則誠異而點尚不能

人亦何可自異

忘情于異也。則點之異乎三子也。亦猶有同乎三子者存耶。以三

子者為與三子者亦異而三子固不強為其同也則三子之異乎
兩〻較勘恰好逼出亦各言志句
點亦自有同乎點者在耶何也亦各言其志也點耶三子耶吾夫
總收還他一片化機
子之童冠耶點撰異耶三子撰異耶夫子之合點與三子以成其
容而風之而詠之而歸者異耶

題之兩節本從交涉只因二節內各有亦各言其志句遂于不
交涉之中尋出互相交涉之意然一着色相語便呆煞無生趣
矣文乃以空靈杳渺之筆寫天空海濶之致遂覺一片化機迴
然塵外。孫于山

異乎三子　何如　　　張　星

志在狂士者誠異而言在三賢者當質矣華點之撰不與三子同點之志自與夫子合也然三子之言具在點能無復問乎且夫人自抱厥志非必欲顯殊於衆而亦思隱析其趣故情超物外固無事舍己而徇人而意在返觀更不妨因人以證己一如點承夫子之問而舍瑟而作也斯時三子之言已畢點於此將何如言之而使夫子之心有深契哉當其捺鏗縵而寫心三子有言也而點尚無言點無言則子所默識其爲何如者非在點之言而在三子之言也及其却絲桐而見志三子之言也而點已有言點有言則子所

心實其為何如者不止三子之言而又在點之言也蓋點亦言異
乎三子者之撰也三子者之撰點異以知之點似非不關三子之
言者也異乎三子者之撰點異以知之點似早開乎三子之言者
也夫三子者之言不言莫春也而點言之夫三子者之言不言者
服也而點言之夫三子者之言不言冠者童子也而點言之夫三
子者之言不言風浴詠歸也而點言之則異亦何傷乎點之言洋
三子撰不知其何如而已與夫子點相合也點之言在點豈不自
知其何如而正與夫子遙相契也喟然嘆曰吾與點也與點而點
之撰可知即三子者之言亦可知乘雞鵬林鳥可忽也哉用行舍

藏原子所自期因任無心而卷舒在我點有異乎三子之撰也而三子者之言似可安於無、非無剌之中期月三年又子所謨望與人家國而慷慨敷施三子豈無所為撰也而三子者之言寧得置諸不論不議之列是故三子雖出而點不欲偕出也三子不後而點獨然獨後也一若謂點有撰而三子亦自有撰也點有撰而見諸言三子亦有撰而見諸言也夫三子者之言何如亦欲求三子之異而還以自證其異誰謂點之撰已異乎三子而三子之言竟不可為三子之志耶

以言字作綫玲瓏剔透七孔八通　徐蘅抄

須定三子之言作主一氣激發真如彈丸脫手張樹本

不難其上下鈎貫難在中間打疊靈緊隨手點綴有燕蹴花飛之妙張慎餘

對曰異乎　合下節　　三名　張嗣賢

異乎人者契乎聖不得謂羣賢之非言志也夫點之撰何所異在莫春數語乎然亦顧其于聖心何如耳不然彼三子者獨非言志乎哉且吾人酬知之學存之內為志宣之口為言而由中達外以抒其所具則為撰故撰不一而有當于聖心者在隨時自適與物偕樂之際而其餘者要亦自抒所具而不愧為吾黨之士也說在點承夫子問而舍瑟以作也當其時三子猶未遽出而觀其氣體之安閒儀度之雍容不待進聆其撰而蚤卜其志之異甚而點曰異乎三子者之撰夫撰之云者本其所趨而指陳之也故

（流鮮寸義旋工上新）

（鈎起下截劍入上截）

（手法敏妙）

程墨慎言錄　論語　康熙癸巳山西

教化誰非其所趨者以所自趨而自陳之則彼此不能以相
假一抑撰之云者就其所具而形似之也故兵農禮樂疇非其所具
者以所自具而自形之即同堂不可以少易然則人各有志不妨
重詰各言其
志可已注得下節意思在
各為言則亦不妨各為撰而曷異之足慮哉故言莫春撰其所歷
之時也言春服撰其所御之服也言童冠撰其所偕之人也言風
浴詠歸撰其所遂之地所得之天也志如是誠異乎三子哉然而
落下飄然
契乎夫子矣蓋萬物一體點未必有是學而既已有是志則是三
寫與點抑筆之激則三子
子所撰者偏而點所撰者大也胡不可與之時偕行點之志在是
點之言亦無心而偶及于是然三子所撰者不足以窺點之輿而

點所撰者寔足以統三子之全也胡不可與自有此與而點可出矣乃點獨後而不遽出者蓋（點之一問原不可害）因三子之言而欲質其所撰也（三比）獨是志在三子要非無因而道者故以他人撰三子或未可知而以三（遞下節言志正面）子自道其所至自無不一一而各肖其真抑志在三子即其素所從事者故以三子彼此相為撰或未敢必而以三子自將其素抱要無不歷歷而遽如其人不然夫子何于誘點者曰亦各言志而（繳得上下融化）于質三子者又曰亦各言志也哉第三子本有應世之具而特不

縣如點之獨見其大此予所以于撰之異者而喟然歎也

之伏貫穿具有波瀾知其鑄局之老運掉之工予尤愛其以題

稱[illegible]析一錄　論語

之虛寔。為文之虛寔。不求異于人。而自非常解之所能及。孫于

山

異乎三　張嗣賢

樊遲從遊 哉問

紫陽陳 聲 少峩

遊不廢學聖人所以善之也夫猶是遊也而獨問及于崇德修慝辨惑聖人能不深善其問乎且聖門人品固有不類而類者於藏修之地（闢開叙五忍飛出兩白龍）而嘗有志于息遊則曾點之風乎舞雩是也于適情之區而嘗存心于治性則樊遲之遊于舞雩是也斯其境殊其事異而其人其言要皆為聖人所深嘉也矣（以八柴首句頷聯然中間）昔夫子固嘗以學示人而不使以遊廢其學者也然藥日拘拘焉几席之間進德而修業杏壇之上明辨而篤行而所謂豁心志新耳目觸景興懷者絕無其時為將靜存之益雖多而動察之機或寡乎則知善學者固不廢遊

而善遊者亦仍不忘學也一日者夫子遊于舞雩之下誰與從者則樊遲也獨是從遊亦弟子之常而樊遲之遊有善于他人者何則即遊即學也第見當是時夫子在前樊遲在後步亦步趨亦趨玩物生情之下夫子意中早有殷然待問者乃未幾而樊遲則已何夫子而問矣夫遲也而果何所問哉意者舞雩之下稼穡依然遊觀之際乃適動其學稼之懷乎而樊遲之所問者不在此抑或舞雩之下園圃秩然遊覽之餘忽復生其學圃之念乎而樊遲之所問者亦不在此噫吾知之矣蓋其從遊于舞雩也見夫峻嶺崇山龜蒙在望則巍然者與目謀也而樊遲曰善哉吾將何以崇吾

樊遲從遊　哉問（論語）　陳　聲（少峩）

德而且茂林脩竹間泉流涓涓則縈然者與耳謀也而樊遲曰善哉吾將何以修吾慝而且或飛或滑動靜各辨此來彼往行止有如則瑩然者且與心謀也而樊遲曰善哉吾將何以辨吾惑此豈夫子偶言出遊時所念及此也哉善哉一嘆夫子所為深嘉其問乎吾故曰善學者固不廢遊而善遊者亦何不忘學也以視有志于風浴詠歸者其殆有不類而類者乎吾知與點之夫子其可舞雩之下當亦有為之喟然嘆者曰吾與須也

娛衷一筆順見才情

總將古今

一氣呵成天機鼓盪非枝枝節節而為之者

奪伯氏駢邑三百

丙辰　諸錦

邑而見奪，有受之者矣。夫駢邑三百，伯氏有之，而桓公奪之，誰與安受其奪者？今夫貧富之馭自君操之，而榮辱之遇則自我召之。（篆入奇妙）昔為吾所有者，我而為人所有焉，固其常也。駢邑三百誰屬乎？閱諸道路貨，然與之書社三百而富人莫之敢拒者，管仲其人也。（蜿蜒飛舞）而不知其先則隸之伯氏也。吾聞五十命為大夫，則以伯仲氏（本史暗春秋）而（從伯字入想）以伯也，夫固有田祿以先為祭器者也。倖彼甫曰歲取十千，吾早（從氏字入想落天外）卜其世祀矣。吾聞胙之以土而命之氏，伯而以氏也，則固有采地（周密自有）以處其子孫者也。其父析薪，其子負荷，吾固知其克家矣，因而考其地則曰駢邑質之有牢食力而非廢矣即有國征𦂳之園壓近郊二十而三此則載師所為宅田司勳所為加田者也而而計其數則曰三百擬之庶士倍祿而遠過矣按其版圖核之林麓溝瀆三分去一此則易之訟所為三百戶詩之伐檀所為三百廛者也乃伯氏有之而桓公奪之何耶夫天地盈虛與時消息伯氏非生而貴者也君與之君轉取之亦自何傷於稽其後而與雍子以鄐與予奪以邢與賁皇以苗排務不可易矣然大約晉之於國而不聞即蔡於辭一日古人重請爲其去禁伯氏而圖吾君也始受之宜終辭之亦可自今即此同六一而發于謝而弗受予雅受叔數多

子尾受命術數稱心亦易足矣然亦皆可自爲制量而不明其由
於奪駢伯氏之生平無他怙寵或不至如閉方三子之輩但賄其
田里不爵既非若老則歸之去則收之而此乃竟入關田之例耕
伯氏之行乎無所短長亦不若國高二守之傳但總以受祿不豐
駁引喬銀天錢地貧
而較之與邑裴氏與縣濟氏者竟有慚於社稷之臣獨思駢邑三
百榮爲有光執令奪之爲管仲也或者曰小器之臣會君德之上
卿之饗天王賜之何有此區區之駢邑事使桓公而與仲也則可
桓公與仲而奪之伯氏也被其奪者未免有情誰能堪此
章法全乎王錢而出語典雅如杜詩韓文無一字無來歷文章

道科考衛書彙　論語下廿四　　曾伯民墨

出自讀書人手。乃有是觀。否則多屑沾氣。嚴會房

於本題下六字。發目自爲。脉揚發更清。則折將奪字。勢如天奔地

擷想字浮空而上矣。毋徒袞其胃衆。紀既氣

蒲盧也　姜遴

極擬政之易舉、深為舉政者勉也、夫政豈蒲盧可擬哉、而以言乎易舉、則非此尤敏者不足似之、夫子殆直為魯君勉乎、且昔先王敷政寧民、而化行一時、相與賦萊菅以明意、賡條枚以寫情、當見服人之政矣、若乃大烈未遠、而紹聞有志、或猶疑其遲久、而觀庶即何能不博考生植之數、而特取一物以明之也、人道敏政、同于地道之敏樹、吾何必復思失政哉、雖然、我懼人之起而疑之也、疑夫有人固可以舉政、未必政之本易舉也、謨一政於此、其甚便於古者、試之今而輒非、其甚合于理者、度之勢而輒否、有條而去耳、即不然、而需之以深

原批如風起于青蘋之末

宮之實旰東之以百爾之勵巽遲之以百年必世之永貞而始一幾乎治蓋亦難矣不猶夫徂徠新甫之材歷久而未茂輪囷離奇之質積漸而始成者哉吾嘗觀于地道而歎其大也天下之物有易生者有不易生者乃受成于地道而無不見其易也雖然必有其尤易者存吾又觀于地道而歎其神也天下之物有可緊以遠者有不可緊以遠者乃食德于地道而無不彰其遠也雖然必有其尤遠者存請爲君憑眺乎平原大野之間請爲君縱目于澤畔江皋之際請爲君賦秋聲之黯淡而梧葉落之思請爲君覽白露之霏微而蒹蒼蒼之感則見夫荇藻交横而參差綺映有鬱乎蒼蒼若助我以蕭瑟者果

（先著此二股始不懸）

（原然十四嘗神在）

蒲盧也（中庸）　姜遴

何物耶則見夫蘋蘩上下而離皆紛披有爲孤臣遷客所慷慨而流連一唱而三歎者果何物耶所爲蒲盧者是耶非耶問名材于陸海（肖形二比）則水火別榛氏之宜陰陽辨山澤之操何一不資始于地道而覽茲茂植增其感蔭也本無所附即從附而不能本無所待即從待而不得是則然矣（飛動）彼所謂繩祖武而建弘猷者何獨不然發徙遷于神皋則孤桐爲嶧陽之勝栝柏輸雲夢之良何一不發皇于地道而瞻彼芸生滋其蕃蔓也勢處于莫樂幾疑造化之無功推發于甚神反覺氣機之多事是則然矣彼所謂由舊章而收撫效者何獨不然苟以爲不然而徒舉目前之見謂聖人不世出王道無所功是將使文謨

本朝廣衍高[illegible][illegible]曾府

武烈垂諸方策者委于周原茂草之鞠而西京之遺緒猶存東國之

嗣音不作也則[illegible]月[illegible]馬長思而為之詠榛苓矣

此萬青洋遺第一作也文華之妙如泉湧霧散綺振花飛那得不

推為才子

題義屈比文情似賦蘭蕙發色燁燁猗猗此固不得以歸藏六傳

相若

蕭盡也　姜

慈者所以　求之　　李鏘

慈可通乎國當求端於心之誠也蓋惟慈與使衆無二理古人所以有如保赤子之說也然天下一誠之爲也保赤亦誠而已矣傳於孝弟之外復推家國相通之理謂夫治國者每謂國之人衆不知國無衆也一家之衆而已矣家亦不能與國較衆也能以是心治家衆即可以是心治國衆而已矣故善治國者不治衆而治家不治家而治心（利渦界州剪）今夫謂國衆非家匹者（使算處實）豈亦有說彼誠見夫古之君子自字其孤猶歷思乎懷保自恤其幼尚敢求乎民瘼似竭誠馭衆難得慊心之日若敢曰吾慈吾幼一國之衆可盡視吾家事乎不知國自君長以

佰手帶出孝弟不似拙手補綴故佳

外皆衆也即皆所當慈也家自用孝用弟以外皆所慈也即皆不當衆也故自其分之殊言之毋論衆與所慈者有別也即慈中已有恩同而誼不等之數而自其理之一言之毋論所慈者無異也即慈於家與慈於衆皆此藹然不能自已之情雖然至理自可相通亦顧其

直追逸誅末句便有

手亦

人之用何如耳明知慈之可通乎衆顧我不慈誰能強我慈者不特此也今且有父兄在前而我不存一孝之弟之心則孝弟能為我有乎明知慈之極則即使衆之極則顧我不盡心於慈豈得為真

將孝弟慈當誠意須淺在前

慈者不特此也今且有孝子悌弟於此而苟沽名以為孝文貌以為

然合倒入詩詞根神一片　複筆有神

弟則孝弟之實終與我無與也嗟乎至理自可相通亦顧其人之用

心何如耳亦顧其用心之誠與不誠何如耳語曰如保赤子言仿佛之誠也亦言保赤之誠也今夫保赤豈有不誠者哉千古有不孝之子不恭之弟而必無不慈之母故啼笑之故皆若相関排奚有不誠求者哉千古有不養志之子不式好之弟而斷無不曲體之親心故養與人之際每費精神矣既誠求則慈矣君子體慈母之心以成慈父後憐慈父之心以成慈父母是乃慈與使衆相通之理也治國之君子亦誠於慈而已矣亦誠於孝弟而已矣

玲瓏透闢無纖塵染其筆端作者大是雋才 原評

清矯融貫得意處尤在中間 林彥伯

慈者所以　赤子　　　范光宗

慈教成于國觀保赤之誥而益信矣夫慈者君子自行其幼幼之道
耳而國之使衆不外焉彼保赤之誥不有可發明者乎且君子不出
家而成教于國者非特視一國如一家也并視一國如一身非特視
一國如一身也并視一國之人如一父之子君子行孝弟于家而理
珠珠數言題之脊尾才一語
即通于事君事長亦同吾之盡乎孝弟者行吾孩提之心耳吾為孩
肇下輕使
領脉以消
提而吾父吾兄孩提之豈吾為父兄而獨無吾所為孩提者乎千千
家之中有父我者焉吾子之有兄吾者焉吾弟之有君我長我者焉
縮上孝弟以論精確
吾撫之畜之猶吾子弟也衛吾子弟者猶吾父兄之孩提我也故曰
單力高古
不能子者不能父不能弟者不能兄言鞠育之情無所發也古之君

子恬養有方而息勤無已者豈不曰父兄之道莫要乎慈哉今夫上
下之相臨貴賤之相服長幼之相（一折便遠）役勢非不衆也要自如傷之心觀
之皆吾子弟之推耳不然文王之時毒痛方深而如燬之傷猶慰心
于父母之孔邇豈非慈能使衆之效哉傳及武成而介弟分藩猶
此意以諄複焉也庸詰之所為作也且夫武王之時天下之衆亦已
安矣亦已去顛隮而就襁抱離創痍而饜喘乳矣即沫土遺黎興味
未復然而敘時明服豈不足以救懋和而（其氣古茂）畢樂咎哉而武王曰未也
此吾衆也與哉吾子也吾子也與哉吾赤子也故曰如保赤子一若
赤子之不自保而待保于父母一若赤子之不易保而（換上來到得最）致勤父母之
保之教如是其至也嗚呼何其慈哉而于是知其有當于使衆也吾

慈者所以　赤子（大學）　范光宗

保吾赤子○而國之人亦保國人之赤子○無往非赤子○則無往非父母矣○天下有父母而虐其赤子者哉○然而赤子未有不愛父母者○此又事君事長之教所由成也○

妙于上截合併孝弟。竟下截專為慈証處。天造地設。便可省却幾許補帶雖○然此等合之好手能為之○難于合併處都有名論古調行乎其間○[illegible]者無處安談作法○

慈者所以

房書小題辨路　大學

慈者所以　求之　依原評閱　黃用賓（元尚）

慈可通於國繹書而知其本于誠焉夫慈之於使衆不相謀也而理則相通無他推其誠也是可繹書而得之今試思家國之間其所為惻然怛然之理為可流通而無間者難曰以恩相感也而實以心相求不然假姑息以市惠是至近之地已見其扞格也惡在推之於國而閨或岐視一如事君事長之理不外於孝弟則詩國之君子惟於孝求之於弟求之而教國之理已盡此則閨中待擇之衆亦可推愛親敦長之心而舉而措之矣又奚事多求乎哉然而又有所謂保赤之理焉非慈乎而慈之於使衆寧有不同乎骨肉之地最易於不忍非

若總〻着之猶湏推敲也。然乍見而怵惕而不關之譆。保以生者脊
是逆也。孩提而顧復而凡國之父母孔邇者胥是道也。有岐形也而
寧有岐理。一蔽陰之際。恒易於穢恩。非若元〻者之猶勞豐蕪也。然爲
子之維問而凡國之加傷念切者用此道也。義方之訓嚴而凡國之
送有勞來者用此道也。無岐理也而寧有岐心。何也。慈幼之心真實
無偽之心也。向使其有不同也。則必慈幼一心而使衆又一心也。則
少慈幼之志作爲而致之。使衆之心亦矯爲而飾之。而總不相通也。
少及覆康誥之言。有所謂如保赤子者。何以稱焉。夫赤子者幼也。保
赤子者慈幼也。如保赤子。是使衆之理不外于慈幼。亦彰〻明矣。然

究其所以知之者總在于心之誠焉今夫父母之愛子也保抱而攜持之而猶々其不能自言也獨以其情之脈然者往來于赤子之意中於其啞然以笑而求其喜於其呱然以啼而求其怒精神相為貫通雖間之保赤子者亦不自知其然而然也豈非真摯之衷歟今夫人君之撫國人也痌瘝而乃身之而猶懼其不能自陳也獨以其忿之懇然者曲体乎兆人之隱微於其歡然以樂而求其愛於其慨然以嘆而求其憎心思與為纏綿雖間之如保赤子者亦不自知其何以一往而深也豈非懇切之忱歟一知其為誠而慈幼此心使衆亦此心交相喻于諒之天下以其不欺遍彼雲行雨施之德一知其為誠

而慈幼此理使衆康此理總祈進于吉康之域而率吾真心沛其如

天好生之澤昇則慈可通于使衆亦通以誠求之心而已豈立歉之

[illegible][illegible]奚慈為哉

○○慈者所以　合下節　江蘇鄧宗師歲試　劉培元
山陽縣一等一名

慈通于使衆其本于夫者無所強也蓋使衆之理不外于慈固與孝弟同出一原者也知保赤之不待學不益可以識教本乎傳者謂家之待澤于我與國之待澤于我人有衆寡而情無異同惟其同也故父母斯民之責即寓于家而娶不待我之于彼有必致之心而特我之為心有不期而然之勢天則無是而以人強之固未有其有濟也今誠由孝弟而類推夫慈庸行無忝于父兄而勉勞弗違于幼穉天下必無是人情所內克用其無恤而臨御武斷其愷悌天下必無此化理慈于家者即所以使衆夫何疑哉蓋自分

之殊者而言戚屬之睠依當前即是億兆之呼顲恐或昏闇親疏
因懸隔矣知之必明處之必當隨所接而權恩義豈其等于兼愛
而逆施而自理之一者而言庭幃之鞠育藹然無私四境之拊循
殷然在宥經理無殊致矣感不可遲術不可驟本惻怛而布咸和
豈其不能篤近而舉遠慈之通于國猶孝弟之通于國也此所
原○許○歸○縱○中○庭○有○此○及○恩○議
以不出家而教成也然使自我而推之自人而彼之出者猶有待
反○數○己
于艱難創造之勞受者即不能無順逆參差之象則是性天所不
遁
足而欲增益以本無一心所難周而欲強徵于應迹亦安必施而
撰○轉○不○貴○多
不窮隨所措而咸當哉而不知天所賦者其真不可昧分所自具

背其本不可誣（原評深援古若）古者治化之隆每不原于自然之感召故孟侯受封念祇服而篤天顯罔已諄諄訓誡矣而猶乃心恫瘝情深若保（原評睛補孝弟有灰線草蛇之妙）如康誥所云誠有見于衆之未易使而慈之不待學也其存赤子意不克以自宣語不能以盡達啼笑無端若與顧復之人隱隱其相待而在保赤子者直以遂其情曲以體其意形神如告早于審察之際默默其相通惟其心乎誠求故惟恐其不中殷勤宛轉即斯須之行格不覺計慮之周詳惟其心乎誠求故雖不中而不遠軫恤寡勞而意念之潛孚自不禁纏綿而莫懈學養子而后嫁未（流水札大盛）之前聞則知可強者人也不假強者天也良知良能克然具足于

已至情至性油然自洽于人觀保赤而可以知慈矣觀慈而可以知孝弟矣觀孝弟慈之通于國而益知君子立教之本矣

不膠于膈不滯于腕古氣磅礴極行文之樂境　一帆

嘗為乘田　罪也　　鮑楹

乘田之位卑、亦不欲以言賈罪也、夫為貧無一可以出位也、乘田之論牛羊、猶委吏之不敢言高耳、而何至于獲罪哉、嘗觀小雅而愀然矣。爾羊一詩。第言其牧事之有成。而刺譏怨誹之辭無聞焉。迨其後大夫繁霜而悼。變寺人作歌以告哀。下而訕上。言乃罪也。然則為貧而仕者。其言可不慎哉、孔子為委吏、則言會計、夫豈不欲抒為甚高、之論。而或以為難免出位之譏。其黙黙在此位也。亦久矣。而未也。又嘗為乘田焉。夫乘田非可言之官。而未嘗無當言之官。即物類之肥瘠。可以覘民生之豐悴。而僅云爾牲則具也哉。而為乘田者不言也即司牧之能否可以覘治民之善敗而僅云倫脩咸有也哉而為乘田者不言也蓋為貧而仕有所宜也乘田之有司而旁及委吏備曰（倒幹上文即借語）侵官（虔下）牛羊之不問而留意會計尚謂越職況乎廁百執事之末而抗論國家之事乎言之而卜終拒焉行忠而不信諫直而不從過涉之凶固不若遯世之善也言之而上忽聽焉於臣分固已踰於國體亦已傷巷伯之詩亦足為君子之羞也假如乘田卑位也覩其牛羊而芻牧不得則曰非立而覩也在上者實有闕也譏者難逭其曠官覩其牛羊而瘯蠡不生則又曰物固有之也治民者亦猶然也識者又（全篇此句作收妙甚）惡其亂法則不如茁壯長之言弗貽掌牧者以罪耳夫孔子處[illegible]

季事所可言者實繁乃始言會計七何復言牛羊亦可知聖人無行可之仕矣迨至官司冠攝相事則有三月之效非為貪而為道位爲可以卑乎哉

截上截下緊扼題位又能穿入委吏虛映行道法密如織穠纖自然綿麗可觀　張目容

串合輪旋波瀾老成文筆更自清綺絕世

嘗為乘

鮑

嘷爾而與之

江蘇辰藩塋觀風 朱 恒
寶山縣學一名

有所與而發于聲，難乎其聞之矣。夫與之則竟與之耳，嘷爾何為者？其堪聞此嘷耶？放之古，毋咤食，自食且然，況乎食人？況乎食人于命懸呼吸之間，乃若壺餐之德，挾咤聲以俱來，斯亦恒情所不堪聞也。顧或以簞豆而介于生死，其所係至重也，其所需至急也。（承上作反勢）與之則所願足矣，何必計其聲音？與之則所全多矣，何暇察其笑貌？（先將與之二頓，毋跌嘷尒，注下排字）雖然，與亦自有道耳。望與者猶微，安計嗟詞之拔贈？嗟憐我而賜之食矣。至相煎太急，忽為稍假以顏，（伏有意）待與者迫難期，厚我之周旋。（伏無意）嗟哀我而進之餐，寧堪為德不終，早先奪其氣。吾欲驗審於與之心則必極形矜此與之狀有如虖爾而與之以聲情本相因而至乃惡聲所被反若示以有情驕吝原相接而生乃驕態所淩偏似明其不吝吾想嘑爾者固有意以與之也與而即與則致其慷慨之詞與而不即與則張其偃蹇之氣亦思簞豆何輕而吾發諸口者固如是其侈耶以小惠之節作大聲之呼若曰爾誠饑我與爾盡聽吾嘑矣吾想嘑爾者實無意以與之也與而果與則將以婉愉之容與而不果與則加以威嚴之色亦思生死何處而吾見于面者猶如是其峻耶于煢煢無告之徒露咄咄逼人之概若曰爾即甘此與爾雖黔此嘑矣施與亦酬應之常要必有片言以

（而字有後）（而字重讀）（承簞豆）（有意與）（而字輕讀）（承生死）（無意與）

逵意嘑爾則不言之言非以爲不必與言直以爲不足與言也盖（暗跟有意此）

一嘑而與之、事固已畢也出于此之口入于彼之耳或惟褻如（而字急讀）（撲下行）

充耳者不妨對此叫囂焉耳推與乃長厚之行更何容盛怒以浼（道之人）

陵嘑爾則不怒而怒非以爲適逆吾怒直以爲當誡吾怒也盖一（暗跟年意此）

嘑而與之、故不可問也不特聞其聲亦且見其貌或惟寔然罔（而字緩讀）

覺者始堪當此呵斥焉耳噫嘻、以嘑爲與視口惠之虛而獨占其

豪固與而嘑較嗟来之食而叒增其厲當斯際也雖行道之人豈

竟泯羞惡之心哉

題爲皆有是心引証上下脉不可缺若但說嘑爾者一邊則之

字落空矣。看嚀爾于與之：：上。重讀。輕讀。急讀。緩讀。妙義都出然中後吸下之靈。皆由前路領上之緊也：何雩鼎

穎思雋筆疊出層生。一而字或重或輕或急或緩咀出無數妙義是真能吐五色石心。放百寶光舌者。粗心人更從何處追尋

嚀爾而　朱

嘑爾而與之

江蘇辰藩臺觀風　朱　桓
寶山縣學一名

有所與而發於聲難乎其聞之矣夫與之則竟與之耳嘑爾何為也其堪聞此嘑耶攷之古毋咤食自食且然況乎食人況乎食人於命懸呼吸之間乃若壺飧之德挾咤聲以俱來斯亦恒情所不堪聞也顧或以簞豆而介於生死其所係至重其所需至急也與之則所願足矣何必計其聲音與之則所全多矣何暇察其笑貌雖然與亦自有道耳望與者徵安冀卑詞之投贈第憐我而賜之食奚至相煎太急勿為稍假以顏待與者迫難期厚貌之周旋第哀我而進之飧寧堪為德不終早已先奪其氣然吾欲驗審所與

筆所未到氣已吞

之心則必極形矜此與之狀有如嘑爾而與之乎聲情本相因而（而字有餘外之音）至乃惡聲所被反若示以有情驕吝原相接而生乃驕態所淩偏似明其不吝吾想嘑爾者固有意以與之也與而即與則致其慷慨之詞與而不即與則張其偃蹇之氣亦思簞豆何輕而吾發諸口者顧如是其侈耶以小惠之市作大聲之呼若曰爾誠冀我與（二義俱妙）爾盍聽我嘑矣吾想嘑爾者實無意於與之也與而果與則將以婉愉之容與而不果與則加以威嚴之色亦思生死何釁而吾見於面者猶如是其峻耶於蹵蹵無告之徒露咄咄逼人之概若曰（直起下句）爾即甘此與爾難聆此嘑矣施與亦酬應之常要必有片言以達

嘑爾而與之（孟子） 朱桓

意嘑爾則不言之言非以為不必與言直以為不足與言也盖一
此將[illegible]
而字活遲嘑爾二字輕讀
嘑而與之、、事固已畢也出於此之口入於彼之聰或惟褎如充
耳者不妨對此叫囂焉耳推與乃長厚之行更何容盛怒以憑陵
嘑爾則不怒而怒非以為適逢吾怒直以為當試吾怒也盖一嘑
此將嘑
尔二字頓住而字重讀
而與之、、故不可問也不特聞其聲亦且見其貌或惟冥然罔覺
反撲下句
者始堪當此呵斥焉耳噫嘻以嘑為與視口惠之虛而獨占其豪
因與而嘑較嗟來之食而更增其厲當斯際也雖行道之人豈竟
泯羞惡之心哉
題為皆有是心引証上下脉不可斷若但說嘑爾者一面則之

近科考卷秀發集　孟子

字落空矣。文極寫嘑爾不堪處。能步步回顧上文。故逼下致爲靈警。後幅不言之言。不怒而怒二義。更能爲而字添毫。曹葭衣不放過而字。描寫嘑爾情形。真得詩家味外味也。魚吹細浪。燕蹴飛花。故非粗心人所能領略。夏平三

嘑尔而　朱

嘑爾而與　四句　岑岳

觀弗受與不屑者蓋徵人皆有是心矣甚矣嘑蹴爾之與雖足以生人而人之心猶未及于死則誰是肯此嘑蹴者且吾謂所欲有甚于生所惡有甚于死之心以為賢不肖非有殊焉人或不之信也迨觀夫不足齒數之人而又當至危之境物之足以有濟者且遑然而相接也其心或為之動矣而孰知凜然不屈者固自依然此際之人心亦大可將已有如得之生失之死而所係乃竟在此簞食豆羹也此時無有與之者猶冀有與之者矣此時適有與之者安問其何以與之矣而該之與之者一若與一若不與一若強其所與而不得不與

（眉批：引入。點上文。此若此句便不連上。先須出與之題面眼勢。翻起嘑蹴。恭嘑字。）

共容愆其氣驕其與之也慢甚不有所謂嘑爾乎抑又有與之者似乎棄又似乎與似不欲與而因以棄為與蹴爾形體異聲其與之（蹵蹴字）也賤甚殆有所謂蹴焉爾矣嘑爾蹴爾者蓋有覩焉同爾毋薦吾落○洪○約○吉○真○豆為吾以是生爾者不肯爾且死爾其急應吾嘑蹴來者遺之者何○俯○呼○下○截○佛○然○拂○質○跟○撥○開○轉○落○行○道○乞○分○二○句○肩○縈○上為起總以應而吾姑弗計其應之與否而且計其遺之者伊誰也則有如行道之人與乞人乎之人也與之言曰爾毋欲爾生所欲當有甚于生者爾毋惡爾死所惡當有甚于死者其解與未解未可知也夫何嘑爾蹴爾之與方見于有簞食豆羹之人而一入于行道者之耳一形○佛○學○兩○層○用○總○買○妙○能○傳○集○神○髓于乞人之目兩人耳怦然囊然忌其為死忌其為生忌其為蹴死而

孰生我不知有簞豆者為何人哉不知我之須此簞豆者為何人哉不知我之得此簞豆者將奚若哉不知我之不得此簞豆者將奚若而乃大動乎與生俱生與死俱死之心一則弗受一則不屑之丐人（奔流飛瀑之中回瀾）者行道耳乞耳曷不殊于賢者之所為乎蓋至此而人心之必不容殘者非特賢者而已也吾不忍以行道之人與乞人待天下有心者也吾急欲以行道之人與乞人望天下有心者也何也天下嘑蹴爾（靈轉之中大有退勢）之與蓋不少也

一氣奔騰貫注中復極回旋停蓄之妙絕類長公得意筆史公文字凡寫人樂處怒處猶如目擊此文寫弗屑弗受處真覺有神采

歷科小題卓編　　下孟

李惠時

遂字出落亦是凝實運虛法而布置描寫或散或整筆復逃

嘑爾而與之　　歸子慕

大賢論不情之與，有發於聲者焉。夫惟善與者為可食也，嘑爾何為耶？亦已難乎為情矣。孟子曰：論辭受于死生，而不下及于語音微罪，則良心猶不見也。試舉人情所時有者，而後發其真情可乎？彼物雖小，而苟出于意之所不欲，則其究與也亦由乎人，而世乃有相與而或以相加者。一以與之，而行不報之惠于死生之際；一以嘑之，而示不情之意于授受之間。以為哀其窮而賜之食耶？而察其意色，則甚不相諧者，不怒而怒，偃蹇自如，假一嘑以相諭，若其不化于同儕也者，而與之矣。以為憐其窮而之食耶？而觀其詞氣則甚不相恒苟強作豪舉咄，過人厲其以相視若其不（年已創○盡）（○、、○二、小、比○用我相形畧作收○前○復擇於）足為好言也若而與之矣等人也而死生在呼吸之頃何其情（培心覺、生、創○有情）之泡一一與也而淩厲于簞食豆羹之微者何其氣之盛意若是簞（○再二、提、照、）（、前、下二○比、原、其所以疼○用之情）食豆羹也或其棄于無用以為毋寧委之道路而遺有人焉負于（都○晴○貼○行○道○有○人○）（○從○與○之○餉○時○喘○爾○與○中○）其側乃吾之所相薄而不數著遂以是委而畀之而咄呼之蹴（○股○一○順○二○逆○、將、前比意翻轉看○又是一層翻比是寫○此○内○旁○）發焉而不覺也或者亦非出于有餘以為吾寧留以復進而遺有（○根○于○吝○）人焉相視于其旁乃吾之所心惜而不樂者輙以是挈而投之而不足之至遂嘑焉而不禁也當此之時受耶不受耶羞惡之心抑行道之人可以視矣。

寫情亦寫態。如此方是傳神之筆。緣太肖
態自情生。情以態現。中股狀其態而情已傳。後股原其情而態
益顯。摹寫到不堪處。其爲態尤偪人太甚。此則中後相承次第
也。

嘑爾而與之　歸子慕

大賢論不情之與有發于聲者焉夫維善與者為可食也嘑爾何為

耶亦已難乎為情矣孟子曰論辭受于死生而不下及于嗟音微[illegible]

則良心猶不見試樂人情所時有者而後發其真情可乎夫物雖小

將天一與　勸與字

而苟出于意之所不欲則其不與也亦由乎人而世乃有相與而或

折出嘑爾　二句詳與　二句嘑爾

以相加者一以與之而行不飄之惠于死生之際一以蹴之而示不

何云嘑爾與蹴來大

情之意于授受之間以為哀其窮而賜之食耶而察其意色則甚不

從與字説到嘑爾逢

相諧者不怒而怒儼處自如假一嘑以相論若其不比于同儕也者

與字　收中順

而與之矣以為憐其死而下之食耶而觀其詞氣則甚不相能者強

文必自集讀本

作蒙樂出之遇人厲其旗以相視若其不足為好言也者而與之矣

又擬一小股承上去

學人也而死生在呼吸之間者何其情之迫與也而嗟屬乎簞食

分出呈其搭來入

豆羹之微者何其氣之盛一意者是簞食豆羹也或其棄于無用以為

若何云鄉者乃行乞之人

與穿委之道路而適有人焉介于其側乃吾之所相忘而不數者遂

以上擬所以嘑爾之情云何哉若夫蹴爾出乎音

以是委而畀之而咄嗟之聲驟發焉而不覺也或者亦非出于有餘

以為吾寧留以復進而遂有人焉相覩于其旁乃吾之所心惜而不

棄者輒以是蹴而投之而不足之至遂嘑焉而不禁也當此之時受

耶不受耶可以觀人羞惡之心矣

摹俗事備雋如飛及仙人曾遊下界咳唾俱是丹砂　馬君常

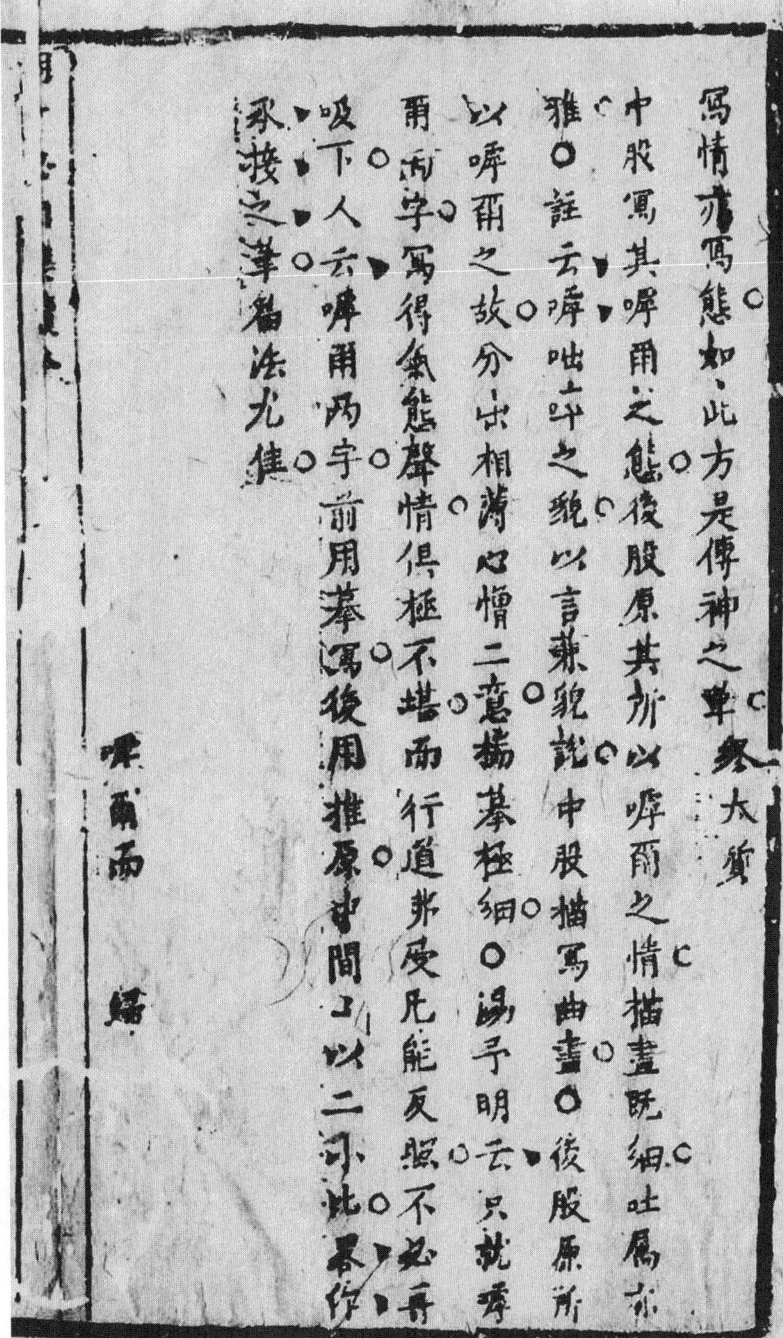
寫情亦寫態如、此方是傳神之筆○ 參大貿
中股寫其嘷爾之態○後股原其所以嘷爾之情描畫既細吐屬亦
雅○註云嘷咄哼之貌○以言辭貌說中股描寫曲盡○後股原所
以嘷爾之故分出相薄心憎二意○描摹極細○湯弓明云只就嘷
爾而字寫得氣態聲情俱極不堪而行道乞受无能反照不必再
吸下人云嘷爾兩字前用摹寫後用推原中間以二不比暗作
承接之筆𥘉法尤佳

嘷爾而 歸

于學院歲試取進
晉江學第六名　丁開芳　宣侯

滕

對大賢而許滕、重有憂矣、夫文公滕之君也、對孟子而計及之不似重有憂乎、其言曰昔先王之建邦也曰使黃河如帶泰山如礪國以永存爰及苗裔猗與盛矣以觀乎外羣相震懾其為邦以觀乎內亦可矜詡其為邦也而非所論乎寡人之滕滕自先世賜履以來膺寶玉于天朝用鎮撫于疆土親則昆弟派則天潢國魯衛毛聃之耦亦列晉應韓之儔也而豈等新造抑滕自先公受符以後社稷有攸關人民有攸託執圭以朝執幣以聘非若魯之顓臾晉之曲沃也而豈同焉然寡人竊思之有因邦之名而著邦之寔者則言其名而寔

逆映而入饒有六家風味

題前頓跌

試草

符只則已不必存乎邾之寔有因邾之名而仍邾之稱者則舉其稱
而寔不符滕則又徒存乎邾之名滕之河山猶是也滕之土宇猶是
例撲仍留史位
也令得各君其國各據其疆滕豈不以自幸乃按籍而攷之各君其
國若非滕各據其疆者非滕也共此提封而不能無計地難安之歎
滕之宗廟猶是也滕之井疆猶是也令得各安其宇各享其利滕豈
不可自慰乃披圖而論之各安其宇者非滕各享其利者非滕也同
對孟夫子嘗上說滕章力
為俟服已不免有內傾自驚之象居滕之中撫滕之地者可以為堯
花
可以為舜并可以為文王茲則念及滕而心沮矣蓋事必有所藉而
之滕則無所以為藉耳為滕之君圖滕之治者可與師夏可與師殷

亦即可與師周慈則言及滕而志怠矣蓋治必有恃以爲基滕則無所以爲特耳在昔先君宗邦是朝雖外姓之邦且不得與滕爭長[illegible]

一開一閣餘勇可賈

何壯也延及寡人宗祧是嗣當夫子之前而不能以滕自計滕何[illegible]然滕小國也

于學院老夫子原評

滕

于學院歲入泉州府學第九名　吳雅觀　俊夫

計及於滕、滕君若有危心矣、夫滕之為滕、誰不知之、而滕君顧計及之、其心不已危有危乎、今使為君撫有疆土、寔足以争雄于天下、豈不甚幸、即不然、而苟可以自立、亦相與忘之矣、若至舉是邦而邦之為邦、無不聆然在人意計中、悲抑又可悲矣、如滕是已、夫滕之由來審矣、憶我先君以文昭世胄來蒞、爾土、夫固與華路藍縷以啓山林、泱泱大風、表有東海者比肩事王、裂地而封者也、當是時固儼然一滕也、誰能料滕之為滕者、即至數傳而後、盟會朝聘、滕猶々列邦等、亦誰能逆視夫滕之為滕者、曾幾何時、至于寡

自提齊楚不效後肥辛決絶高肥識絶纈

書章

人滕猶是也而寡人之于滕幾難安于由舊之思滕非舊也而寡人之于滕又不敢有圖新之舉夫善觀邦勢者貴即其邦之内外而觀之蓋内苟可安則外亦易為功乃至滕而大不然矣入其都人民猶是也版籍猶是也然而在内之滕有甚難乎其為滕者又況滕以外之勢無不昭然而共覩乎與言及此寡人盖於滕而深有感矣抑外苟可寛則内亦易為力乃至滕而又不然矣過其域封疆依然也山谿依然也然而在外之滕已有難乎其為滕若又況滕以内之勢無不可一覧而輙盡乎言念及此寡人又於滕而重有懐矣在昔過宋而見夫子〻猶於滕有深望至于今而可望

者亦若不足望何也今之滕固大異于昔之滕也一右昔并地而畀
畀戰予猶於滕深致意至于今而致意者若雖于措意何也向之
滕又遠勝于今之滕也國小而偪吾讎適從願夫子明以教我

學院于老夫子原評

載首篇

于學院歲試取泉州府學第五名　富嘉會　心筠

○○○滕

時君切欲圖存而計及其所封焉夫文公之撫有此滕有自来矣乃舉以質諸孟子非欲為圖存之計乎滕文若曰昔周之封葢八百矣而同姓之國且至五十故凡今之釐兹一方皆先人之所遺

含○蓄○不○吐○

也乃寡人猶是分茅滕土之裔而竊計其土地人民有不禁自顧而徬徨者矣溯先君受封之始我先王惟是以兄弟之故俾克主怳乎社稷凡在懿親必共安樂也而他復何計乎思歷代嗣服之後我先公惟是以統緒之垂俾克相承而罔替維我後昆勿貽伊戚也而外豈所知乎洎乎寡人即位以来非無土地可以規方作

賦〻〻而規方作賦者惟此滕夫至今日而滕猶不失其故封我先君應亦許〻然雖見許於先君終不能釋然乎予懷吾正慮有今

殊有遠意

日之滕也亦非無人民可以建學明倫也而建學明倫者惟此滕夫使異日而滕猶不改乎此度於余心應亦喜之然恐徒繫諸望

對下文而不犯故

想終不克遂其承圖吾又患乎異日之滕也夫江黃不滅之陳蔡而城之天下之日衰其版圖者國已多矣以滕較之不且駕乎江黃陳蔡之上乎則言念及滕或可撫心而自慰然邶鄘而入于衛唐魏而屬于晉天下之日敓其封疆者亦匪少矣以滕視之其能

照前齊楚

免為邶鄘唐魏之續乎則撫懷及滕又當熟思而審處夫滕曷不

自治其滕而政刑並飭庶幾可保無虞乎然而滕固已失其自爲之勢一滕曷不勉圖此滕而郊圻𦘕畫庶幾無隙可乘乎然而滕且常多有意外之憂一夫滕以小國而間於齊楚之大國寡人誠不能不商所事也

于學院老夫子原評

截首篇[illegible]

姜憲臺老夫子評

如[illegible]發揮而題神已躍然言下與賠高[illegible]

明清科考墨卷集

第三十三册 卷九十八

滕　依原評點

于學院歲進習
江學第一名　蔡鵬飛志南

觀滕君之所問、一動念而情切矣、夫滕之為滕孟子寧不知之因有問而首及焉不亦情見乎詞哉、今夫邦之可以矯然自立者未必其勢之獨據而無與並列於天壤也大約以人事之周密為維持之久計斯令人仰其邦而心震焉即稱述之餘無不可指以告人也而寡人今日則不然溯自叔繡分封以來茅苴既定同位是列與列國之誓盟通天朝之聘享孰不知文昭之後固有一滕哉（開拓）即不得如懷姓（聲色俱佳）九宗職官五正得賚方面之寄而猶幸得以衆建之親傳卜正於當年緩不得與元子祖東禽父其侯同叨六族之封而猶幸得與凡蔣

若谷試草

之屬尤諸任於宗國乃今日之滕而不可問矣撫有一方土田民社

於滕不為無分然而睠季授土陶叔授民不無對今日而惆悵山河（照下）

之難恃（小國）譜係天潢征伐會盟於滕竟不敢以自主試觀山谿誰險封

疆誰固能不憶盛時而深悔置國於此都（照間於齊楚）是以數雉堞之衰延車幾

乘歟馬幾匹歟望東南之郊邑遥而指之者曰此固大封所及素號

為滕者也而按時度勢使我君大夫困於旰食者非滕乎稽壤地之

繡錯為君子歟為野人歟指五十之井疆比而儗之者曰此亦與薛

為鄰儼然一滕者也而顧已度人使我朝若野則然不安者非滕乎

撫茲帶礪殊愧尚有爾土在寡人昔之見夫子於宋都者尚未身當

滕　蔡鵬飛（志南）

夫滕耳如蚕身當焉不幾未暇為滕謀繼衣先思為滕維杌桯哉亦有疆圉勢難靖夷我邦在夫子昔之策寡入以善國者亦未深察夫滕耳尚或深察焉不且未敢為滕厲進取先思為滕解艱危哉噫保此殫丸即欲發憤難為自全之計介於兩大時多奔命寔無擇險之明夫子其何以教滕哉

于太宗師原評

總風隸雅有樂可也

○○滕小國也間於齊楚　　尤珍

滕君自危其國以偪于兩大也夫文公誠能自強雖國小無虞也柰何以齊楚之間為憂乎想其告孟子曰今天下七雄並峙強者肆其侵逼而弱者雖以圖存此誠危急存亡之秋也然要未有以彈丸之地當兩大之衝內無自固之形而外有莫當之勢如寡人今日者昔我先君之始封于滕也受先王之寵命而錫之山川賜之土田以列于同姓諸國曰世世子孫無相害也當是時即渭水發祥號稱強大荊熊創業素表雄風不過與滕共列屏藩已耳安有大小之見是為滕慮者哉而今不然一千八百國諸侯并而為十二國十二國諸侯又并而為七國矣以滕孤立其間五十里封疆不足當雄藩之片壤救

說出滕國原委

題面清出

帶起齊楚妙有遠

百雲户口何人擬侑國之一隅雖得沐先君之餘澤以撫有此圉也

肖小國情形

而無如其為小國何然而寡人今日之所遇者非崤函之餞師也非雲中之勁卒也非鄢鄭之甲衆章陽南許之良將彊弩也其與寡人為腹心之疾邊鄙之禍者厥惟齊楚蓋列國之攻滕也戰于千里之外齊楚之攻滕也戰于百里之內無名山大河之限無間關跋涉之勞擊柝相聞朝發夕至寇深矣可若何且也齊楚為兩敵而滕不得安齊恐滕入于楚而滕不得安楚恐滕入于齊而滕不得安于是聞齊之鼓馬鳴焉烽燧警焉嘗自危曰齊兵至矣而況乎阨其南者又有楚也聞楚之行伍動焉干戈出焉嘗自嘆曰楚兵臨矣而況乎制其東者又有齊也是故齊兵先楚而至則滕遂為齊之滕而非寡人

滕小國也間於齊楚（上孟） 尤珍

之滕。楚兵先齊而臨，則滕遂爲楚之滕，而非寡人之滕。齊楚合兵以至滕，則滕遂爲兩國分有之滕，而更非寡人之滕。向使寡人土地之廣，人民之衆，甲兵之利，謀臣策士之雄，足與齊楚等，則雖與之樹敵可也，不則與之修睦可也，不則西通于秦，南連于趙，北結于燕，而并與韓魏合從以禦齊楚可也。而無如其爲小國何哉。寡人今日願辭東藩，築帝宮，受冠帶，祀春秋，而尊之矣。先生何以幸教寡人。

一片危急情形，已在此八个字上。也字原有一頓，截發最令寫得兩大敵勢累上可畏，如有金戈鐵馬縱横出沒其中，其口角張皇，全是左牽右掣、侵轅難支之狀。下兩句不擊自動，而古氣更復浸溪。章九儀

壬戌小題文徵

上焉上　此小國　也

此小國而間處兩大，其勢岌岌難保。說到不寒而慄處，使含有餘

寔不能依人不得之意。散文布置，而次第秩然，局陣嚴緊，淘爲

○究含盎

滕小國也 三章

江南甘泉臺觀風 吳華

宜興貢監一名

存滕之策盡人以待天而已夫守則人也成功天也國存之策豈外是哉且從來命曰天命討曰天討君人者莫不惟天是從而土宇版章則亦曰天錫也久矣故國之存亡惟天所命豈有覬焉然天事寄于虞而人為踐其實蓋盡乎人者卒無不得乎天者也故孟子為滕文計而不外乎盡人之策也當是時滕以蕞爾國東逼齊南鄰楚大國不加德音而包藏禍心以圖之雖犧牲玉帛陳于二境且不得旦夕安寢國中之父老子弟皆苦兵革久文公且相顧徬徨計無所出曰為之奈何居亡何諜者漸徐紛來傳言曰齊人旦暮將築薛文公震

惴曰鼎鑊之秦何嘆乎滕非卜正之遺封乎胡爲乎敵兵旦暮臨城一二島合之民且各鳥獸散取我斯池而瀦之取我斯城而圍之遂（夷○冬○藩○籬）使先公之世守創之于前弗克繼之于後也天乎天乎何爲至此極（發○馬○下○坂○一○篇○勒○住○）爭而孟子曰人也非夫之所可讓也昔太王被狄于邠其事亦最苦（黄○高○妙○甚○）犬羊之性非善于彝楚之君也戎馬縱橫嶠嶇蹂躪非怯于荆尸之旅三男之衆也邊烽四起非遠于臨淄漢水之間也皮幣犬馬珠玉（○原○批○有○）之奉非嗇于四大之懸索也然而成敗異變功業相反說者謂太王（○此○一○折○通○身○俱○靈）殆天授非人力也而不知太王當日仁心爲質百姓歸往邠土又間（○深○明○大○義○）於邊塞地多閒曠遂不得已而相革以遷耳設太王當日亦如滕之

介居兩大無可如何亦將率其耆老子弟鑿而池築而城以歸市之民為效死之守安知成邑成都不即于夕陽流泉之地成王業也哉（原評纖見最高足破千古術士之談）不然四嶽三塗陽城大室荊山終南九州之險也而不一姓豈必岐山之下為王氣之鍾乎（最上一着）要之人君之為善無他勉為仁人而已矣仁則能養人而人樂為之死如是則業可創也統可垂也成功而王亦無不可期也（原評又作一束）故曰人也非天也而孟子之策滕者一則曰無已有一焉（原評句見莊子）再則曰請擇于斯二者二與一為三而揆情度勢則仍歸于一、則守之而已矣（原評到底一串）守則仁其民而民始為之守也故曰盡人以待天也成功雖在天而仁其民以守則在人挽此聯合三章縱橫馳驟筆

考卷懷珠六集　上第　滕小園　吳

力酷似賈長沙玉汝山

滕小國也間　全章　何騰三

事大不如得民謀國者貴自强也夫滕雖小國尚有民在城池可守也區區事齊楚云乎哉嘗謂善謀國者人和爲上地利次之而旅人苟安之説不與焉顧以張國勢隱以固人心合上下統常變而悉力以衛之然後立其基于不可動此在謀國者之精神有以貫徹乎始終而已矣今夫國家有可爲有不可爲謀國者有能及有不能及即如滕固小國也然而有君有民有城有池何居乎文公之惴惴焉以事齊事楚問也彼豈不謂赫然兩大實逼處此于齊不可則事楚于楚不可則事齊小國之謀莫善于此哉而孟子

則臣是非所及也是不可為也不可恃者在人有可恃者在我不（斷然施雲）

可恃者大國之蔭庇有可恃者小國之情形驅十百萬勇戰從公（華力古勁）

之百姓而以之衛蕭條之城邑一旦有事勢不能憑虛為捍禦內

之結一日不可離之民情外之即以樹百年不可拔之險阻而後（數語緊峻）

勢固人以立人藉勢益張舉數十世高壘深溝之形勝而衛之以

詐虞之百姓猝然有變勢必至挺而為走險外之有堅壁不下之（三句一串看[illegible][illegible]）

疆索內之必有深固不搖之民心而後君與民合民與君合上下

四郊無故則安居保聚何妨朝發一使焉遍聘于齊暮遣一介焉（推事到[illegible][illegible]情方緊而[illegible][illegible]理到而）

修好于楚而講信修睦未始非自全之道不幸而疆場有事則彼

滕小國也間 全章（孟子） 何騰三

客我主猶可收合餘燼決勝于齊背城借一致命于楚而守陴皆

警絕

哭亦足以寒强敵之心鑿斯池築斯城與民守之效死勿去如是

則可為不如是則不可為是謀則能及非是謀則非所能及也若

補此二層守字方有根據

夫深仁厚澤結民之情禮文忠信一民之志深謀遠畧馭民之才

文有

此在君之自為焉至于成敗利鈍之形安危存亡之數則惟宗廟

慷慨之氣

社稷之靈實式憑焉而非臣之愚所能逆料者也而要豈事齊事

楚所可僥倖于旦夕間者也

措畫區分如留侯借箸而一種精悍之色熠熠在眉宇間又是

漢之飛將軍也 曹玉瑞

壬辰科小題文選　孟子　紉光劉

○采與民守意作綱。而城池正所以守之具。齊楚直聽之。中後四比精簡無一支詞。末勘出守字根源。尤見老到。

滕小國也間　一章

順天楊宗師月課　武強縣學一名　郭維

守國在安民事人不可為也盖事人則必危而能守自可以不危孟子固寔有其可為者豈屢言以誤滕哉嘗謂君子謀國必外度天下之勢而內揆吾國之炎未有碌碌因人而苟且以偷安者也夫戰國諸侯所以瀕于亂亡而卒不可為者大抵事人之謀誤之耳盖齊楚之失在事秦而滕之失即在事齊楚夫滕雖小弱介在兩大然有池可鑿有城可築有民可守固猶然可為之國耳且孟子嘗以仁政進矣使其君臣一德復古制以安民安在國之終不可為計不出此而切切以事齊楚問何其謀之拙也嗚呼公亦知

絶大議論

先揭起

頓挫

滕之所以務免者果事人之謹而賜之哀憐乎抑不得已姑聽而存之乎今夫齊楚數戰之國而勢不兩立者也齊無滕則逼楚楚

累辭搖情度勢議論橫生妙在後一關字

無滕則逼齊與其兩偪而相持不若置滕于中以為之蔽齊并滕

發出

則不利于楚楚并滕則不利于齊與其兩病而交爭不若舍滕不取以紓其難此必然之理也夫不料大國之不奈我何也而竭力事之隳其守備棄其民人此不戰自亡之道也誰為公畫此謀者

鑿鑿未句　坐照小國方無餘閃

國不可為矣且滕之不可為在國小而滕之可為亦在國小蓋國小則其方專力專則其備豫而況外無所倚則君臣憂懼日夜拊

推有寇際此少康之所以滅過句戎之所以亡吳也

循其士民有憂相恤有樂相安上下之間恍如家人父子之裝一

且有變君守社稷民衛長上偷生而苟免者無有也嗚呼以事人之方修吾國之城池城池必固以事人之心結吾國之人民人民必和數年之後彈丸之邑已為金湯齊楚雖大固無如我何也不然甘心臣妾欲徼倖不亡也何可得哉然則小國遂可與大國抗乎非也外以陽浮而不逆于人之意內以韜晦而全其生聚之謀寬之使不吾疾狃之使不吾虞此為自守而已矣則是可為誠可為也孟子豈以迂言人家國事哉

敘事字發筆極舒快

又作 析

結六

人以此章議論為灌陰侯背水陣不知聖賢謀國一言必有寔際豈肯以社稷人民為兒戲乎則是可為分明有絕大經濟在

卓識不凡。唐再隆

論事理如老泉六國論。論〻形勢。又似潁濱六國論。坦由

揣情勢以立言具有論世本領不徒紙上談兵。雅明

滕文公　孟子

錢選集　梁凝志

爲〻子〻著

〻固迂道以見焉、蓋文公爲世子時、已心乎孟〻也幸而之楚、何憚過而〻之哉、且孟子在戰國、行其滕、而文公爲諸侯、界於鄒若一楚、其間有所事、詢以謀、其夫不過而問焉、殷〻就見、乃既紀其相得之素、而又原其相見二仞、因過都之不憚其勞、覺見賢之惟恐其晚、記者於是溯其〻戴之時、今夫文公之爲世子、固願見孟子而不可得者也、〻以入有保、出有傅、非纖嬖、即裨闔之徒、朝秦暮楚者、石而人、朝嬰所所見若而人、卒未有若孟子之希聖〻賢〻言不言茂、耳聞聞揜〻、其羈棲於宋、即欲造廬

詞館撰擬广典　滕與宋之風馬牛不相及耳安所得築
宮之業而育德於青宮也哉而幸也將有之楚之役也獨是世
子雖將之楚而孟子在宋亦安能一旦相見哉且睦鄰者君之
命事太者國之典天方授楚固將禮焉其敢慾朝見之期往見
孟子致千大國之怒以遺寡君羞況楚亦賓賢之國也倚相射
父諸人一二出今而軀車至止延攬賢豪所獲多矣何為必
見孟子見諸之楚之先也乎抑又聞之楚與滕鄰城壯王
帛來會時事朝而發焉夕可至也獨至於宋則在西南與滕相
聊餉里使必迂道而往微論楚人來讓其討伐之有戒心
一於榛亦既絕同盟之好世子縱欲禮賢何可以來召之
乡輕身於敵國之間哉則願見孟子亦得俟之異地焉過

宋公乃先過於宋都也而文公乃就見夫孟子也且由
孟子之遊齊與梁其君之見為迂闊也久矣意當時諸侯王之於
孟子就世無聞而踵門不事況世子有師有保自嚴出入之防
則于遊于畋日習驕淫之事為文公者苟能恪遵君命肅奉
書亦已加人一等耳何意其志切緇衣情殷杕杜念親賢之
未遠者修好之有資而願不憚遠行也不嫌紆道也哉君子以
足知文公之性善而孟子之將行其言也

滕文公問　三章

江南史道臺月課　王汝驤
金壇貢監一名

大賢再三策滕終不易乎守之一說也蓋滕之可為者獨有為善以存其國耳去之一說亦聊使自擇焉而奈何以事齊事楚為謀哉從來小國之困於大國也有三策焉高城深池內修其政令以自固此守之之說也不得已而其偏已甚則引而避之此去之之說也最下者則事之以求免焉乎夫以先人世守之國而徒斂其民以供無厭之誅求此自盡之術而豈所以為謀哉故君子之謀人國獨有去與守二者而孟子之策滕且曰無已則有一焉與民守之而已蓋孟子已揣乎滕之國勢知齊楚窺竊之可致既尊許之於數傳且審乎

滕之人情知成都成邑之可貲又算必之於此即故决策於效死弗去之一途以為舍此無二道也而文公不能也其不能者何也蓋其心已恐甚恐故不勝其求免之急而無暇於擇所從夫築薛而滕恐將去此逼處之滕而不恐耶假如太王之遷岐而其後世不王究何解於亡也夫竭力而不得免將去其所欲之土地而得免耶假如太王之遷岐而其人民不從即去將焉往也且夫太王之去而卒王也何哉以其善耶太王之去而民從之也何哉以其仁耶君自度能為太王之善否耶未能為其善而何可不自彊君自度能如太王之仁否苟不能如其仁而誰與偕之去況乎介居兩大雖非滕之私仁也

城壞壓境亦是滕也岐陽也然則今為滕計唯有以其不忍去者結之于民以其不可知者俟之於天而以其難定弗去者效之于社稷宗廟君之所可為如是而已由是言之世守與去雖二說恐擇而處其歸一舍守之上說無謀矣蓋孟子之策滕如此或曰如孟子之策滕

餘意却是正旨

其必免於亡乎夫君子之謀人國無失其正而已幸而得免而吾為其可繼之志固不致貽恨於子孫不幸而不得免而吾非所能為之念亦可告無罪於宗祖若夫朝齊暮楚恐恐焉求旦夕之免而以為可也是謀豈吾所能及哉

以首章作主則安頓後二章自然得局淳古正大殆過前良原評

直省考卷篋中集　滕文公王　孟子

叙首章。即伏下二章之案。以下將太王事兩〻對叙。正與國勢人情兩段相應。次將上文頭緒併入世守節。以應起處無已則有一言正旨。末後纔轉事而求免之非。策通篇只是一反一覆耳。

滕文公問　三章　其二

江南史道董月課　金壇貢監一名　王汝驤

始終以死守業滕機在為善而已蓋處滕之勢必效死而後可以守必為善而後可以死也去且非計而以免為耶嘗觀小國之困於大國也有民死其君、死其國之志則國有與立而其避敵以圖存者權時之宜也事人以苟免者自亡之道也故孟子策滕首斷之以守而堅之以死豈迂論哉短長五十里既無夷儀楚丘之地可徙以自延昭穆數十傳忍以子孫宗祖之依遽捐以與敵是故舍效死之義計無復之也嗟乎彼事齊事楚以來滕之民力竭矣將誰與守之而誰與死之哉文公之恐蓋自知其不能得之於民也雖然得民何難

獨為善而已矣能為善而後民可與深溝高壘謀及後世而有餘能

擊中而首尾俱至　太王節然得來

自彊而後死可效父老子弟失之一日而不忍不然天作高山太王

荒之夫獨非畏于狄者哉而去而卒王寧無恃以處此且無還言王

宕秀蒼又変　帶悲擬字着意　擴

也第能如太王之去亦何所為而不可哉能使其民戴之為仁人即

串作一序

與之守國必固能使其民從之如歸市即與之效死必誠然則滕之

簡鍊全題字字精神　兩意效死一

所自處可知已值不得免之勢但當急而求諸民處無可去之時但

當力而彊諸善以善結民以民守国民弗我去與民死之民即去我

本意結

以身死之聽其無如何者於天數其必弗去者於宗廟社稷此有國

一筆之下清

者之正而知所擇者之必出于此也豈乎處小弱而不自彊徒恃其

攻幣大馬珠玉事大國以求免否則輕去其國而自取亡焉于古而來○若此者何可勝道皆以昧于效死之義而謀之不審悲夫（與○小講相應）

奇傑卓犖之氣起忽變幻之筆視大士齊人伐燕二章作殆有過之○原評

前以首章作主此又餘作一片前以正大此以奇矯可稱雙絕束聚五紐死守作主而以中間為善為效死之根貫穿鎔鑄全是一片精神團結故能過奇橫于際巖之中

滕文公問曰滕　三章

科覆入漳浦縣學第五名　何大雅

另闡限界

達權可以濟變謀擇其善而已蓋文公之所恐者勢也孟子之所
詳者權也權以濟勢擇善者其知所取哉樹國之策不一或守義
或達權皆當審其勢而為之擇其利而效之斯燕天昌後厥有明
觀定太王立論　安
徵若夫仰面事人俯首待命事不師古而能有濟非謀所及也異
森警
哉文公之謀國也其處勢甚艱古人而行事絕不類古人是故無
好斷制
自立之策可光大其國家輒僥倖圖存為臣事人計無怪乎人窮
財盡國漱力竭民不堪命雖有高城深池莫能守焉斯時為滕謀
預下二句作把握
者效死之餘無奇策舍去之外無奇功二者惟君所行耳不虞文

公竟惴惴焉以事齊事楚為念也嗟乎事人非古也古不有處小（古文頌決）國而勢難支者乎如曰事之而可免則故邠之土地人民皮幣犬（運題別有）馬珠玉安在而新岐之老弱長幼相呼相率相安相樂者胡為乎（手法驅役百萬猶麾鳥衆）來哉且滕固太王後也蕞爾國齊楚寔逼處此與昔者居邠一轍（摛映有神）言念祖宗創業垂統詒子孫謀則世守勿失固理之常然而亡脣（仍不敢鬆世守題）寒齒薛吾輔車也遠害開王岐周非吾家法乎為不得已計則利（無淪義）（看書有眼）用遷遷焉而民不散即遷焉而國不亡力所能及事之奚庸功之（孟子原不）成否聽之天善之勉強存乎已齊楚雖大如我何一夫時窮勢急之（教人錯入死路）秋執常理則惟殉節適與情尤在權宜仁人君子量力度德保世

特危立國之善謀也君盍擇而取之審而行之勿使後之論者謂君處勢親古人而行事不類古人也（好照應）

當湖謂儒者多說滕無可遷然孟子已將遷守並論焉知滕無有遷處似此一層亦闊話矣文從達權立說正自別有高見也意境遒逸雅類孫可之

世守千古大義然易有利用遷國之爻唐元使以遷而存宋徽欽以不遷而亡固未可執藉氏平王失計一語至貽大患也篇中處勢甚親古人而行事絕不類古人句尤可為明莊烈下一針砭　王漢階

滕文公問曰　三章

乙卯十二月

東寧陪課　袁弘仁

三為滕策無以易乎守正之義也蓋為滕文計事不可遷又不能孟子曰疆為善義當效死勿去且遷國以圖存者（大意了然）維古乃可行權而守正以俟死者謀今一於度義滕小國也聞於齊楚（先用終換）治商所事繼恐築薛而將及已也卒乃竭力以事而懼終不得免如之何則可滕其危矣乎孟子曰無危滕世守也去不去當自為政君試思蕞爾滕城池如故何必金湯鑿之使深築之使高與民守之分田制祿以來君子小人之分吾民聞之久矣君不忍舍民而去民豈忍

（大義炯如日星）

舍君而去夫國君死社稷義也倖僥以苟免可乎哉說者
曰天作高山太王荒之卜邑而居厥後有天下不於其身
（波瀾湧起）
於其子孫嗚呼此豈太王得已之心哉當居邠時狄人實
逼處此以與我爭此土極深矣可柰何太王曰以養人者
害人吾不忍也遂相率以去今夫君子之於民也平居則
深仁厚澤以漸涵於在國之日臨難則從容誥誡以感動
（蘇長公筆意）
於去國之時君試自度能如太王則踰越以從遷而爲不
可失之仁人不能則創業以垂統而爲可繼之君子嗟乎
今日者爲滕之齊人比比而是爲滕之岐山且將安在也

文公當毅然曰效死勿去是則可為吾惟以可必者彊為善於己而以不可必者俟成功於天寧不得免遷又不能舍守正之一法誠不知如之何則可（回龍顧祖）（收束允密）

遷國是行權守死是正義滕當時實無地可遷止有守正一法孟子引太王事不過借作波瀾始終總欲勉滕君以守正欄柄在手縈拂如意此文壇老手也巖埈雲

六轡任手操縱自如其行文如神龍掉動不可端倪至以守正立義確乎不易尙為壽世鴻文　門人苑學珠撥

機軸在手頓形自雄此熟極生巧隆萬長技也若運華之跡古淡宕又如孤松老柏望之蒼然　黃元寬

東寧陪課　滕文公

滕文公問曰滕　三章

科覆入淳滿縣學第二名　劉文修

國宜守不宜遷大賢為滕君擇所為焉蓋滕文非大王匹則失矣遷亦未為得也莫如守宜孟子反覆以告文公其知擇所為乎昔先王之命國也固弗曰世世子孫相與守之則當衰息日甚小

〇壯〇士〇摸〇山〇伸〇勁〇斂

弱國存亦惟体此意以競競而勿僥倖于萬不得已之事焉可耳滕之國由來舊矣自卜正迄文公守非一世池與城如故也業與

〇提〇清〇世〇守〇統〇揖〇全〇則〇岱〇宗夫如何齊魯青未

統無恙也養人與牧民亦罔或失也苟于此而克擇所從審所為則發憤為天下雄安在無土不王而顧擇事于齊楚是何其大不

〇掠〇活〇有〇力

知所可為也一夫國非民無以立民非身無以先死而後已相與守

此城池齊楚雖大何恐焉恐其近殆將去之遠也夫遠去豈得已（從○事○入○還○筆○有○意○）事哉古之人有行之者大王是也頑非擇而處之為可繼耳王氣（妙○句○警○人○）非鍾于西北天心常與夫善人滕不疆于為善而竭力以事大問滕之皮幣有幾乎問滕之犬馬珠玉有幾乎不能免之言仍然一（指○滕○他○人○竝○論○數○過○）欲去之意也嗚呼勿論滕之時無地可遷即論滕之君何德能遷遷焉而民不從則業墜統絕城池不保墓何及矣為文公擇計莫若循世守之義與民效死勿去而為善自立不苟學仁人岐梁之（天○然○結○穴○）避名雖二寔則一不然何恃而不為薛之築也亦大負孟子惓惓訓治之意也夫

淯評

総以世守為王妙在于前而提破以下轉就賓意為之激宕瘦筆走蛟龍。勁氣沮金石。一切用機用法者都在下風矣。王罕皆

筆意堅卓。横掃千人。倘令蚍蜉見之。能不望扶桑而遁。

執千古不易之正論。寫得凜然有生氣。淮南鴻烈篇所謂句挟風霜者是也。趙懿林

滕文公　劉

滕文公問曰滕　三章

科舉入漳浦縣學第三名　藍應元

事人不足以自強策其所當為而已夫不思事于人而思事人滕幾不振矣能自強斯能強人孟子故三策滕文云且千古英雄未有舍已而求人者也天下泯勢天心不爽數英雄發憤而天下分（開千古未開之眼）為七一英雄發憤而天下合為一蓋齊楚之失在事秦而滕之失則在事齊楚夫滕固周之裔而東迫齊南隣楚者也周衰泗上征漢陽盡滕間其間憑凌日甚戰不可守不能於是有以事人之說進（入筆緊然）嗟乎誰為滕畫此謀者自立無方委身是擇滕其殆哉古君子（接筆）之謀國也（挺然）願萬難重本計勢不振理可殊滕雖小先世之遺民自

屯標與民二字大意

在也書曰民為邦本本固邦寧夫將為我亡故得與俱存夫將為我死故得與俱生衆志常堅羣心不渙齊楚雖衆無所用之所謂聖人有金城湯池此物此志也且夫事在勉強而已矣勉強行善

擬入勉強特著精神

則善日積勉強立功則功日增祖為作孫為述作者聖述者明亦安疑天心難問而蕞爾微區不可發憤為天下雄也哉計不出此徒謀事人事之不已玉帛空珍奇索終必委上地舍人民而去之

由事卸還以還形守化段落為波瀾妙極文致

亦已悲矣吾人讀書每覽古昔失國之由未嘗不掩卷傷其計之過也向使太王當日非有以固結于人心者將耆老徒屬邠民莫歸梁山踰而舉國墟矣是祖宗之所披斬而今日割一明日割一

竟中斷于一人之手也豈不惜哉乃知守義一策始終莫易拓孫

董總結如百川之赴海

謀以光祖德結民情以壯君志善自此積功自此成方將朝齊楚蒞中國何患其有窺伺逼築之虞哉忽自不講而謀事齊事楚以冀倖于萬一是不精所擇而猥欲與諸任齒也悲夫

胸中眼中具有古今全局借書于手激壯淋漓蘇老泉六國論後僅見斯文

按時度勢摶捖一氣風骨逼近先秦 諸六雅

我用我法題之關目與文之節族自然合拍此爲食而能化非抄撮字句者可比 張鳳攽

滕文公問為國

登瀛社課　季邦楨

記滕君之問有國者當如是矣夫戰國之君不知為國久矣善乎文公之問也豈非滕之幸與當思國於天地必有與立顧其為之何如耳古昔盛時建國者有良法守國者率舊章舉而措之裕如也降及戰國先王致治之具盡矣當是時也苟得大有為之君向韋布而諮詢之猶可以存其一二然而強者以詐力相高弱者又汲汲圖存之不暇奚暇知國之所以立哉若滕文公者可謂加人一等矣謂文公當即位之年而盡心國是雖勤於初政豈遽能審此遠謨顧吾觀晉悼之得國也施舍已責措置有方識者早決其國之復振則知制治保邦之要必採諸體

元居正之初。謂文公承積弱之後。而思固國基。則志切救時。未必能情殷復古。顧吾觀衛文之立國也。務材訓農。敎施有本。智者已料其國之將興。則知紀綱法度之存。不繫乎小大盛衰之勢。嗚呼。此可以爲善國之言。所以往來於文公之意中。而不能釋也。雖然。爲國亦未易言矣。自急功近利之說起。而爲國之意已非。自驩虞小補之術興。而爲國之方又雜。即或抗懷郅治。慨慕古初。而經術淵深。誤會焉則徒滋流弊。累朝損益並舉焉則無所適從。蓋國若是其難爲也。嗚呼。此可以爲善國之言。所以往來於文公之意中。而不能無問也。滕居禹貢徐州之域。左則蒙羽其藝。右則東原底平。明德其難忘也。令即功叙云遙。而利何以興。弊何以革。有不可不實力求者。則此一問也。沂泗之間。

總總林林。咸想望夫廟堂之籌畫。滕受周家同姓之封。官卜正而詔功。位通侯而錫土。宏規猶可溯也。今即典章漸墜。而存者宜守。廢者宜修。有不可不悉心體者。則此一問也。叔繡而後。繩繩繼繼。且重賴夫孫子之經營。嗚呼。若滕文公者。可謂加人一等矣。所惜者孟子於齊梁大國。數陳王道。其君輒以為迂。而三代之規模。與一生之經濟。獨於區區之滕發之。此固非孟子之所願耳。然有此一問。而先王井田學校諸政。大略猶存。其亦天下後世之幸也夫。

縱橫跌宕。高挹虞言。凡手望而卻走。何能窺其門徑耶。

滕文公問為國 不可緩也 何館課 盧葆熙

為國有問民事至重也夫國所與立者民欲問所為當勤其事於此緩之焉乎可且廊廟猷為不外田疇事業也而要非採國本者不能知亦非恤民艱者不能道乃世守潮文昭圖治勵精虛懷以訪而名言垂鄒嶧厚生利用本務無荒自來建極綏猷未有不課農桑教樹畜者此則聖賢謀人家國所欲急起以圖者爾今夫宗社植基之固保邦在於保民朝堂剬治之模敷政期於敏事久矣夫民生不易有國者不可視為緩圖也乃日者文公以為國問焉下正之遺封漸歸廢墜文公蓋知扶衰救敝有不容緩其措施者而為朝廷籌國計即為閭里奠民生數十

傳統緒相承知殷殷於究度者其情篤強鄰之逼處日肆憑陵文公蓋知清國恃苊有不能緩其策畫者而為一國大規模更為萬民培福命五十里經營孔急知諄諄於咨訪者其意固為國之閎文公殆勤於國事乎特是國以民為本民以食為天大抵嗣業之初彌思感業截長補短人民縱屬無多立紀陳綱改事依然不乏撫徧隅而求化理先言商搉直闡一代之經綸從來治功之懋首重田功布化宣猷家國非無他務明農教稼施為早握要圖登黼座而勵精勤百族耘耔入九重之藉寐孟子曰公問為國公亦知民事不可緩乎稼穡艱難而不可以一時恝也試觀長可告帝重推三卯可耕農勤挾五良亦念祈年卜稼其事固國運所由關耳公而振作有為也稅星言之駕軫

念民依輯月令之篇關懷民瘼治國有何奇策惟此省耕省斂迫圖焉而無敢少康斯何如急務乎夫徭役多而民力傷戰爭起而民時奪土地之荒蕪日甚及此時而經理已遲所願開國承家者疆皇赴之閭閻作息而不可以一日忘也試思董五鳩令宣月吉申九扈詔督雲鋤從可知勸相勞農其事又國脈所由繫耳公而發奮有為也訂樹藝之經無荒民業普桑麻之利無曠民功保國有何良謀惟此小理乃穡迫求焉而莫能稍懈斯何如本計乎夫稅斂重而民力竭草萊闢而民食艱生靈之塗炭方深至今日而撫綏已晚尤願體國經野者竭蹶圖之公誠知民事為重將國可善即可新公其勉旃

滕文公為世子將之楚　書院課一名　羅家勤

誌儲君之之楚、若有不遠往、而夫之楚何足異、異其爲滕世子、觀其誌之曰將、謂非止、有不遠往者乎、且以撫軍監國之、而為講信脩睦之事亦惟是前途遄征已耳何取乎徘徊觀望哉乃不謂銜君命以來前途自不容於濡滯而撫殷懷之有屬行若有待於踟躕不然情非別有所縈何為遲遲吾行也則有如滕文公為世子可誌焉今夫世子之名何自昉哉蓋將以主社稷奉粢盛者也當其生長青宮天真未漓習染未甚正宜使之近正事親正人以優游而漸漬之入則有保出則有師教諭而德成識以輔翼世子有此具也今之人教諭既失之先時俗務又覩於壯歲馳驅周道畏此簡書不幾有道長之覺而無薰陶之益也哉雖然小國之事大國也敬共玉帛僕僕風塵亦甚非得已耳又況漢陽諸姬蠶食殆盡區區勝國又何能為是滕而不事大國則已滕而欲事大國以自庇徼福於先王先公不泯其社稷如舊昏媾以相從惟是一國之玉帛不敢廢遣嗣子以來會時事亦聊出也世子於此其視陳之欵齊之光又何以異哉於是壯

楚聞之先世鬻熊為文今文王世子一册所言

監一日三朝大抵

曰勁其遺風猶有存焉者乎之楚者得毋欲覩其古作訓詞獻書敗國有禮之風夕於側朝於嬰者有矣其所以動人之景仰者又不一而足況夫蒼梧紀古

也

之績瀟湘傳帝子之墟遺俗一風更足供後人之憑眺哉[illegible]而[illegible]之意皆不在此且夫[illegible]則覺之[illegible]曷[illegible]遐之曰將也哉一謂畏跋涉之艱難則[illegible]非可以遲滯[illegible]謂肆道途之觀一[illegible]則事大非[illegible]以偷安[illegible]三湘七澤之區其人類多磊落瑰之士壽言[illegible]行[illegible]之盡湮今也受命遄行望衡岳覽方城漢溪川涉雲[illegible][illegible]大夫相與上下其議論縞紵相投置不樂甚也[illegible][illegible]澗周道倭遲豈志別有所[illegible]歟[illegible][illegible]意非在宋也以是時固有居宋孟[illegible]也

滕君則誠賢君也　一般圓集　周福祥

極以賢子滕君意以深幸者僅此也夫滕君之賢何待相稱之也其稱之也若姑許其賢云爾且人主勵精圖治所為其量十世其量百世者夫豈徒自詡其賢哉顧不僅以賢著者賢固自有其實而僅以賢稱者賢亦難沒其名處今日而論當世之君得一賢於世主者自不得不先為揚之也相竊有念於滕君嗣世初立聿新一國之章程五十里補短絕長正賴有此耳紹卜正之責封而有為有守其英敏亦足多矣新政甫頒旋動四方之觀[illegible]六七國縱橫捭闔幾見有此耶奉姬宗之法守而不愆不忘其氣象迥不凡矣目為賢君是誠賢矣在夫子述井田陳

學校精詳剴切於滕君不憚娓娓以呈辭是夫子早以滕君為賢可知也吾迎夫子之意以子之諒夫子當以品許之適合在滕 子問為國問井地惕厲憂勤於夫子不盡殷殷而致訪是滕君〻一己自居於賢可想也吾如滕君之分以許之知滕君亦以稱常之不誣吾於是盈量相加急以賢嘉滕君非譽也摘覽戰國之、王齊宣梁惠不足數矣爭地爭城爭名爭利雖愚者亦知其非賢君也誠如滕君仁政克行乃仁者事行聖人政即聖人徒假令不恃其賢而更進於賢則其賢安可限也此則躊躇滿志堪為滕君信也吾於是平心而論僅以賢獎滕君非刻也故懷上古之君唐堯虞舜昭史冊矣乃聖乃神乃武乃文雖後世共仰其為賢君焉誠如滕君聞之於楚差強於楚聞之於宋差強於宋。假令其賢如是。而賢止如是。則其賢僅足稱也。此則輾轉思維。當爲滕君策也。滕君則誠賢君也。其如未聞道何也。

清思流月。健筆凌雲

聞君行聖人　賢君也　從新集　王振聲

聞政而遽稱爲聖、述所學ミ姑許爲賢焉、夫聖人之政、孟子之
亦相之學也、相既願爲ミ氓、何於學許行後而轉許爲賢哉
目世之學聖人者、苟聞所聞而來、則同此一事、同此一人、亦何
煩稍殊其稱哉、乃不謂始聞其事、即盛譽焉、而未盡或過者、繼
論其人、即降格焉、而猶若躊躇、豈初終判爲兩人乎、胡爲始愜
所願者、不轉瞬而即殊所稱耶、一相之自宋而之滕也、其殆慕滕
君之賢、亦如許行之踵門而至乎、抑不知滕君之賢、偶與其弟
負耒而至乎、然而相之所以賢滕君者、則固確有所聞也、相之
所聞於滕君者、則以能行聖人之政也、且夫聖人之政、即孟子

之學亦即陳相所學之學也夫豈學為神農者所可例哉使相也信其師說中心悅而誠服焉將見抒其所學道陳良之言以助孟子之政俾蚩蚩者氓盡遊聖人之宇非特滕君所深悅抑亦陳良所大悅也而果也聞政之餘而曰滕能行聖人之政滕君則誠賢君矣相不敏竊願為之氓矣蓋學人端趨向所聞悉可尊聞故當善政遥傳而頌之有深情固已樂庇仁人之宇而異學肆譏評一見遂同膠見故即仁聲遠播而揄揚鮮雅意亦若衹循輿論之公滕君則誠賢君相述其言於孟子相殆自知所見之非而欲復聞聖人之政乎且自知其所悅之誤而欲復為聖人之氓乎然而相固以許行為賢而願學者也且以許行為賢於孟子而棄其學而學焉者也夫既學許行自不得不見

許行既見許行似不必復見孟子即見孟子亦何必復道許行之言哉而乃見而悦悦而學向之所稱為聖人者今則易為賢君矣不且於陳良之學大相剌謬哉蓋聞其政而至相之學初無異於孟子而挾所聞而見相之學已無異於許行與噫許行之後何不幸而復有陳相也此孟子井田之法所由終不行於滕[illegible]

第三十三冊　卷九十八

聞君行聖人之政是亦聖人也　採風集　魯慶元

述所聞以贊滕君、古可復者聖亦可繼也。蓋政莫仁於分田制祿創之者為聖人、行之者亦為聖人也。相故述所聞而以聖人贊文公歟。若謂三代上有聖人之實三代下無聖人之名非名之於三代下靳也。三代下無克盡聖人之實則遂無克當聖人之名而假而托之者將欲襲聖人之迹以博取聖人之名而聖人之名亦卒不可得噫是特未行聖人之政耳而不意相自宋之滕稱頌分田制祿者遍國中矣以為是仁政也是聖人之政也相過而聞之而知行之者固君也且夫行政而上法聖人有甚難者古聖人疆理天下溝洫必判其遂而顯以參王制之書。

即隱以造蒼生之福皇皇焉統上農中農下農之侶而為草野均井田誰則行之古聖人澄敘官方錫予必隆其典而上以定授餐之制即下以開勸士之風昭昭乎準詔德詔功詔爵之經而為群臣平穀祿誰則行之而君已行矣而商已聞君行矣則是廟堂之壁畫天下人遐聽風聲而駿烈光昭直可追隆古治安之氣象善政之敷施先後聖若合符節而鴻名宣播恍復覩先王郅治之隆夫非猶是三代上聖人之政也哉而君亦慨然行之君不亦儼然聖人哉吾於是知三代下之未嘗無聖人也橫覽燕韓趙魏齊楚宋衛之君凡所謂出令而宣猷者迥非復盛王時矣富國强兵而聖人之政一壞悉索敝賦而聖人之政又一壞仁君已邈聞若何自興起乎茲何幸而得君之政澤覃敷

如是也任地掌之司徒論官掌之司馬措施悉當第拱手以觀釐定之章程五十里可為善國斯言良不虛矣是不亦叔繡在天之靈所為默相者哉緬想唐虞夏商文武成康之世凡所謂立綱而陳紀者已久絕於天下矣豪強兼并而聖人之政一壞貪暴多取而聖人之政又一壞暴君代作聞者能無喟嘆乎茲何幸而遇君之政教涵濡如是也度地既已經野詔糈既已駁臣上理克臻祇端居以驗醇備之法度五百年必有王者運會在此時矣是不亦戰國縱橫之日所為特出者哉為聖人氓是所願耳

切定分田制祿說語無泛設筆有餘妍

第三十三册　卷九十九

蓋曰天之所以為天也

王步青

詩人以人道言天而知天固有以[illegible]夫天下莫不有其所以然者
亦字早透
而天實先之是故知天之為天而不已之說非夸且凡天下之
不可及者必除之曰天凡人世之不可知者必神之曰[illegible][illegible]則天
[illegible]
之為天如是已矣又亦何取乎不可及不可知之天而空言之
也哉乃吾由至誠無息思之而恍然於詩之言維天之命於穆不
已之今夫命物者天也命天者誠也物命於天而天必先自稟於
命故吾即無以測天之化而無不可以見天之心物有時已而天
妙
未嘗有所或已故天之化有莫知其然之功而天之心有不得不

致後堂稿　作

緜之責何也不已之云詩非漫然曰天也夫人各具一天而不知（頌得醒）其為天也舉凡形聲象貌之屬我且忘其所以然之理而豈知太極之宰實肩其任以自艱是天誠有所以塞之於無聲無臭之載（所以為三字着力對面不消探索而自到）以捺于物之所不得適而不然者天且不暇計物之無以為物而（奇奇）先懼天之無以為天夫人共戴一天而第知其為天也舉凡一行生（亦空濯知）代謝之機扁或意其所以然之理而不知漠漠之中早立其程以自赴是天實有所以繞之於一日二日之故以豫乎時之所無不然而非是者物之為物不能無不敝之形而天之為天何以有日（總從對面著想）新之撰是故識其所以而及爾出王及爾游衍天實猶然人事之

蓋曰天之所以爲天也（中庸）　王步青

常蓋居高者天之所以無為而行健者天之所以有為也彼以天視天者仰法象之尊疑其別有神奇之用自詩言之而天之為天也蓋甚庸矣故第循名而著其實而非有稱說之抑識其所以（妙旨）而前有千古後有萬年天必爭此須臾之間蓋感而遂通者乘以有為為之而寂然不動者天即以無為為之也彼以天期天者觀貞恒之象祇謂日居無事之中自詩言之而天之為天也蓋較勤矣故雖責實而予以名而非有矯誣之說然則以天為不可知天（結醒語意）非不可知也以天為不可及天非不可及也自古至誠孰肯以其所以為天者獨讓之天也哉

句〻說天。却句〻有文王在。只就所以為守打通消息。末句亦字早已伏而監其臨。思沉力鷙。不復知此題之為堅城。淵翔意中先有一文王在。而後援天為之起本。課虛責有。叩寂求音。直定一雙瞳人剪秋水也。

引之

盍曰天之所以為天也

江靳雷學院月課　時元福
陽湖縣學一名

天無為而有為於詩言悟其微矣夫天固無為也而命之不已正其所以為天也詩言不可悟歟意謂人奈何日處覆幬之中而昧（題○神○奕○）不一仰而觀俯而思也夫機緘之蘊具有真精而形象所究罔非主宰理闡乎無而化妙於神古之人已有先我言之皆誦詩篇章（一○路○上○文○取○意○已○亂○十○項○上）如洞若載也請試誦於穆不已之詩古人觀指知歸皆有窺見本（固○光○）原之處按當形容之有托而精心妙理造物不能秘其藏古人推見至隱者得與參消息之微故即頌美之見端而提要鉤元化工畀以發其覆詩蓋於天有微會也曰天之所以為天者如畀其不

清言奈延賞以覲妙
已也從來美功盡者皆華遮蔽俯仰間已為陳迹矣何以天之齊
薄無垠者極萬象之發洩而不虞其盡以此見冥漠中之積於理
直抉其根
者厚也得其環中寔有是互為根者以立之宰則知日星河漢不
足鬱其光華天且常自貞其本體以密運於空虛之地詩人誠有
見其微爾從來形易散者神氣日銷旦暮間且不自持矣何以天
之覆被無疆者歷萬古之推移而不憂其敝以此見變化中之運
於神者遠也游乎象外寔有是還為本者以握之樞則知儵發千
虛神寔理呢刻
形何足煩其締造天不過行所無事以流轉於衆有之間詩人誠
已狀其與爾壽際相尋於聲色之表則以象皆擬天之一翕一闢

究如人之一吸一呼而動節無端自以其一元爲通復知其解者不問糟粕而問元功覺帝載無聲已宛露不言之妙神相會於運穆之原則貞精非渺天之一肅一溫何異人之一喜一怒而陰陽無始自以其氣機爲往來識此意者不微朕兆而徹根柢覺太虛無迹已曲傳難繪之真詩蓋曰天之爲天曾有已時哉我文王之德之純亦如是矣

筆筆鉤元直搗題之真際此所謂探月窟而躡天根　張燕溪

元精炯炯貫當中題神自爾洪露　程藻倫

談天易涉渺忽月按之題氣俱無當也認定蓋曰二字之神虛

而與之委蛇。創鑿最為細密。簡與一

蓋曰天之　不顯

江蘇劉宗師科入　湯雲開
金山縣學一名

善觀天者莫如詩、可進述不顯之詠焉、夫詩言天之爲天、意固不僅在天矣、得其不已之謂、則所詠不顯者、不更可述乎、且維天行健、故赫赫在上者、可悠然而會其原、維聖希天、故明明在下者、自灼然而呈其象、蔚昧渺蒼之本、苟有貞恒於渾灝者、奚從驗至誠之內蘊、有發越而莫掩者乎、此古來惟知天者知人、亦惟知微者知著也、於穆不已、詠天命哉、繇詠天命而已哉、是詩也、嘗以我

得作詩本旨處備映身亂字既者尊別

周大定之後、有道曾孫、不忘丕顯之烈、而發發作帝之休命、亦共四方而顯西土者、勇非崇效之力所開、遂不禁推天以發其端、非

言天而竟其義也然即其言天者固已非泛焉耳矣蓋曰天之所以為天也一天有顯道厥類惟彰彼挾術者能占之然我麗其得觀而失精也乃詩則推寫其隱衆烘鈞之靜而專動而直者不離以片語而括其樞機一天雖顯思日監在茲彼觀象者能微之然我廣其狗迹而遺神也乃詩則反從其靜存太虛之一而神而而化者無俟乎繁詞而抉其根柢一天之所以為天寧有外於不已哉夫乾元者一誠所統貫天之不已一天之終古不息也苟明其全體之所存則仰希乎天者別自有其潛孚而非從外觀之者擬而失生者不貳之流形天之不已即天之以久而徵也誠知其日新之肯

書理細膩

自則崇法乎天若將欲窺其底蘊而先表內美之深微臭詩深云乎

清起之筆不偏不支

於乎不顯莫顯於昭質上天而無愧使萬以淨紛之藻著而云然

也將須揚昭代有求深而反淺者矣詩故想儀型於宮廟而中外

悅澈如卿日月之照臨莫顯於卿對昊天而無慙使萬以令聞之

有赫而云國也將致美周家有欲明而反晦者矣詩故懷皇極於

夙夜而日應頌心如瞻雲漢之昭回然則不顯之咏正詩人作歌

之旨也豈僅於不已一言有以見天之所以為天也哉要之佈觀

筱東[illegible][illegible]

而賦遺詠諷誦之下直探穹昊之大原而入廟而須芳型援引之

餘共勝含章之遠耀雄美文德之純然後知文之所以為文〻如

天之所以為天也。天與文豈有間耶。

清思亮筆。如與彥輔對談。有撥雲霧而見青天之快。林蘊岩

理足神旺。法密機圓。順此實邦極疎快。令此影沉悶頓開。袁淑知

蓋曰天

○蓋曰

魏光國

究詩之言天者、欲闡天道之微也、夫天道未易言也、而詩直曰不已、蓋有味乎其言之哉、且至誠無息、聖道也、天道也、而善言天者則無如詩矣、善言詩之言天者則無如就詩之言而究詩之意矣、夫詩言天則天耳、而必言天之命、命者何、言天命則天命耳、而必言命之不已、不已者何、吾蓋以是窺天於生物之表、而信頌天者必達天矣、且味詩於天命之中、而知說詩者宜逆詩矣、曰高曰明曰悠曰久、何有非天、而詩之所言、獨覺有進於是者、夫豈不知天之高明與天之悠久哉、詩蓋洞見渾淪之天、別有機緘而故為是深言也

觀曰字

吾安得從求之也曰繫曰覆曰昭昭向無窮何者非天而詩之所言又覺有超於是者夫豈不知天之繫覆與天之昭昭無窮哉詩蓋遠觀玄默之天迥有主宰而特為定微言也吾奈何顯求之也

（二股[illegible]弱）

蓋詩有所謂鳶飛戾天者彼固曰上下之察今是已矣而茲何以不言察而言穆其意蓋可冥而探也倘徒以察上下者解之不幾失其真體乎詩有所謂無聲無臭者彼亦同上天之載如是已矣而茲何以不言載而言命其理蓋可實而證也苟必以無聲無臭者解之不盡歸之幻化乎惟夫取詩之不已合吾心之不二即吾之不二想詩之不已而天之所以為天蓋不難就詩之言而究詩之

慈矣。

片霞散錦。勺水興波。。有才有法。鄒臣虎

以題枯存之。

盍曰　魏

純亦不已　辛亥

課第十一名　王琰　原名重

聖人之純（方許誠總）聖人之不已也甚矣聖人之合天也天不已而聖之純亦不已非誠之至者何足以及此且人受天之命以生則人孰不有其不已之命哉然而有生之初氣質既得而濟之有生之後嗜欲復得而間之則以誠之未至而消長存亡迭為乘除斯不已之原乃在天而不在人矣若聖人之純豈其然哉不已者天之命即天之純也一物不攖者太虛之體故一元默運自能貞一息于萬年而一私不參焉聖人之心故德內涵亦能存一日于千古蓋純亦不已焉月[illegible]之絕而後續也其中必有一物以岐之故雖前此之操存者有

紊後此之繼起者復然而一息之偶歧未必非一息之偶絶斯已矣而絶則無所見其亡也夫寧見其絶一心皆道心之流靜專動直既有以嚮其跡密之際則一心皆天心之運陽健陰順自有以綿其通復之機益其真實之蘊固已全盡而無斷斯固有之天自然循環

何許來已只就絶字看出標好

而不絶也凡物之跡而復合也其中必有一物以維之故雖已往之運用者如故後來之流行者依然而一念之稍雜未必非一念之或離斯已矣而純則無所見其離也夫寧見其離一心皆精一之體汝止既安既有以渾其出入之介則一心皆剛健之用與時偕行自

方許闢寬當

有以協乎循環之應益其无妄之理固已實體而不虛斯渾全之德

自然須臾而不離也且天下事之可以終始判者必不能無存而不亡之時何也見為終而終者固已見為始而始者亦已若夫德之純者不惟無以窺其終并無以窺其始是故二五之真亘千古而常昭者天之不已不二之衷歷終身而常貞者亦聖之不已抑天下事之可以久暫分者亦不能無全而不虧之候何也見為暫而暫者固已即強為久而久者終已若夫德之純者不惟不可以暫計并不可以久計是故貞元之運合終古而不變者天以不已開其先惟一之原歷擾攘而不渝者聖亦以純繼其後至誠之無息不可見乎

（何評亦字亦只就純內看出老為的當）

（方評亦字從純字內看出絕不牽攙天字極自分曉）

大司丞趙老夫子評

沉刻之思踈爽之筆理題上乘
認題明澈詮不已處極有刻入之句　方松亭先生評
理解清真運筆輕圓　何躍舟老師評

文王之所以爲文也　二句　　王鏊

中庸申詩言聖人天德之妙同乎天地之妙夫聖人與天合德者也中庸申詩而言文王之德之純如此其所以明至誠無息之意可見矣昔子思之意謂夫德至聖人而極也觀詩人言文王其至誠無息者哉蓋其一德中涵至誠無妄渾然天性之真而擬天下之至顯文王而以文名信不出乎一誠之外也萬理畢備純一不雜粹然太極之全而極天下之至著文王而以文稱初不出乎一誠之餘也夫文王之所以爲文既無一毫之私妄爲之雜而其[illegible]德又豈有一息之間斷哉至誠默運之中而有周流不窮之妙純德[illegible]乎之境而有循環無息之機天命不已文王之德之純始而終終[illegible]始妙合乎天而

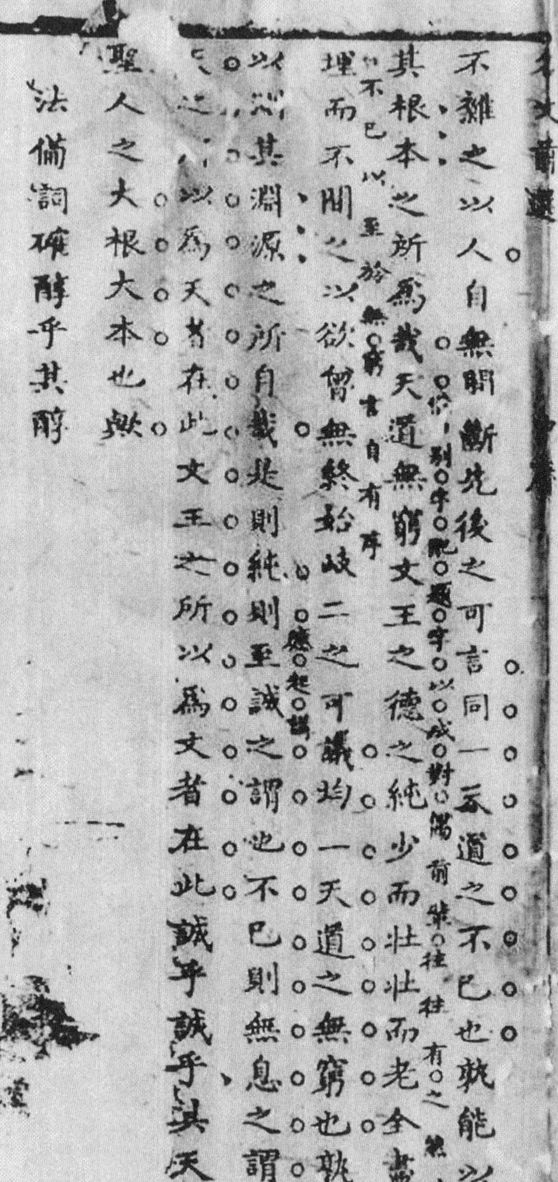

不雜之以人自無間斷先後之可言同一焉道之不已也孰能以探

分一則字眼題字以成對偶前半往往有之然精

其根本之所爲哉天道無窮文王之德之純少而壯壯而老全盡乎

不已以至於無窮言自有序

理而不間之以欲曾無終始岐二之可議均一天道之無窮也孰得

德起講

以測其淵源之所自哉是則純則至誠之謂也不已則無息之謂也

天之所以爲天者在此文王之所以爲文者在此誠乎誠乎其天地

聖人之大根大本也歟

法備詞確醇乎其醇

純亦不已

任以治

純無間於天、與不已合其德矣、蓋文之純、即文之不已、惟不已所以純也、緯詩言而誠之無息、蓋信、令夫亹亹文王令聞不已詩亦嘗以不已咏文王矣、而吾謂緝熙之學永令聞在是綿天德在是（勁氣充達）即協帝命亦在是爲天不獨工其化文不獨運其神固自可分言之而即可合言之者文王之所以爲文詩以爲德之純故而不已則屬諸天抑知純泰有已者也（透）貫始終而不渝者天之界即人之守而絕續間之即非基命之脩渾離合而一致者人之心即天之道而操縱形之則非聖敬之學文之純殆不貳矣夫絕焉而復續

貳也即旋絕而旋續亦貳也絕而待續之際雖一隙不得謂其非
已而所謂純者乃悉泯其絕續之交文之純殆不雜矣夫縱焉而
復操雜也即旋縱而旋操亦雜也縱而將操之會雖一息不得謂
其非已而所謂純者乃悉滅其操縱之致論天以純畀文而文以
前已有聖則似純為文有而不已者文不能專不知帝載之微既
超形氣而為居則理大總歸一致而以為合之者尚離而二之也
不顯亦臨無射亦保斯真善言不已之德哉抑天以不已生文而
文以後更無文則似文之純必已天之純斯不已不知乾元之體
既亘終古而獨尊則渾然莫可終窮而以為法之者猶淺而岐之

清細

奇論

取亦字儁

怡山制義

也各正性命保合太和斯真早傳純德之精哉迄於今文王往矣
而勉〻之德則猶至今存也大統奉諸厥考受命所自正非杳渺
奇情妙合
之推崇繼天而為天立命惟此无妄之流行已矣即文王之德亦
遠矣而穆〻之心則於今猶見也春正序以文王明命所垂確見
滴〻[illegible]源
憲章之上律奉天而代天成物惟此實理之參贊已矣凡此者為
文言之為凡為文而至誠者言之純也不已也合之一無息也

清剛遒上老鍊不支　紀曉嵐夫子

說理則繭絲牛毛下筆如印泥劃沙理境老手　那東甫夫子

入理清粹斂無陳言亦無懈筆　閔晉軒夫子

吳翽

○○○純亦不已

天人俱盡於誠中繹詩而知其一矣葢純于天而後謂之純﹅即誠

也詩之以天命比之也亦宜大凡善言天者必有驗於人及言人而

不得其所至亦必求其端於天葢人與天自有不二之處也道之從

來得於天﹅不變道亦不變惟未有聖人道乃獨天有耳我蓋觀詩

之以天之不已比文之純而知天固不得後私其有矣天之生文也

即以其天付之而求諸休祥表異之徵者皆謬也文自有先天而生

後天而成之物要不外萬物一原所自有直天之生文也即以天﹅所生

之物盡付之而求諸度量相遠之間者亦謬也文自有天之物而生後

○取○亦○字○焦○妙○　○取○亦○字○　取不已相

物而考之理要不外九疇帝與之所自賜畀位於人者了之純而不知純于天者謂之純則純亦不已之競乎一天亦有所分與焉後亦不一聖而文以其純者淵源于古今溯湯禹而上歷殷旦而下俱不能出於文所為文者則其精神豈一世乎至于鼓物而天不與其憂

只切甚中文王純于天道句耳

吉凶而天不同其患天之力量所窮而文更有接續之處所謂相[illegible]者乃不違也一天亦有所反覆故寒暑亦不一天而文以其純者斟酌其消息陽以長養為德陰以空虛不用一不長於天所為天者則其屈伸豈異量乎至于憂患而益見其心誕膺而奉守其志天之變遷[illegible]盡而文更有留餘之地所謂成位者乃理得也一今夫配天絕業也

明清科考墨卷集

[盍曰文王之所以爲文也] 純亦不已（中庸） 吳翺

旁觀亦字格學生定

昉於杞進以厥祖而不疑雖後人自尊其宗祖茍德有未稱將與

在上者而聳禋焉神其寧乎及思諸不顯之微而知其爲天監者真

參透正面

有學問可驗也周公繫易亦以不息總天行此即明其宗學而非行

獨得之奇並天命隱事也大統之集奉諸厥考而不諱雖受命必有其

推揚倘天意實未必然不免結精白者於隱衷焉文其受乎及思諸

公羊六

不顯之原而知其爲基命者乃有實事可考也夫子作春秋亦以文

王者誰謂文王也

王序春正此即確所聞知而乃得憲章之意然則懷桑河獄聖人豈

一配也之文而人心可與造物相然始帝謂文王天人真有相與之

時賢只有此二句

際而天道乃與四時同變化一純即不息也不已即不貳也其曰無至

誠○則乾坤或幾乎息矣
懸深而曲雖有會于天人合一之旨闡發得未曾有聽舉泉湧檄
賞集已○慕廬先生
切文王既發亦字以顯證微乃更不覺此題之爲枯窘矣爲文者
當熟復之以濬其心源只扯不息不貳空衍豈能出拔元相有言
真學蛀蝌草食混近土涯也

純亦不
矣

文王之所以為文也純亦不已

吳華孫

聖在於純、而天人有同量矣、夫所以為文者、惟純、故不已與天合也、豈非至誠無息之明驗也哉、今夫誠者聖人之本而與天合焉者也、盡體以充安而能昭、惟誕發乃為實、諸理以渾全而無間、惟恒久即可上符也、詩以不已言天、而即以純言文王、吾于是而知純也者、文之德、天之道也、惠鮮懷保、類多盛烈之傳、而性情自深也、撫將享以敷陳經緯之華、可悠然于不識不知之地、求寧觀成、不乏裔皇之頌、而感通循淺也、想休嘉于豫囊緝熙之實、可恍然于無聲無臭之先、夫大王有所以為文者、詩若曰是純也、文之所以為文也、本一德布

領會神氣即人合天合在內打通下句

吳華孫 中庸

為小心而明德通于帝謂則懋昭于是至也蠢感和之業文之橋蒸（賁流所以為文）

（兩字精采透露）化成者仁之顯無逸之懷文之爭于明命者用之藏詩所為溯其原

也一本一心端其敬止而靡悔執于鑒觀則令聞所為數也蠢追琢金

至之為章文之著其有聲者積厚而發畔援歆羨之胥絕文之顯乎

帝則著情深而明詩所為稽其本也夫洗心藏密競業進于相忘則（頓案開下）

聲色俱泯者動靜悉符于帝載而莊敬日强斯須要于不離則貞恒

如一者翕闢遂鄰乎天行蠢惟德之純而文王一天而已矣一天之

不已而已矣心無兼營之用有所分即有所間其勢然也而純則湛（不已發揮字中發透）

然常明一私之不參即一理之常運蠢惟渾忘其二三之念故無少

易其精一之功求其離合而不得求其斷續而亦不得也一如天之氣運相循環而莫能為之界以分之矣理無强持之功偶為纂即旋為厭其情然也而純則肫然無偽反始而安其故即歷久而常如新叅惟悉絕其苟且之心故無暫歇其神明之守定其久暫而不得定其先後而亦不得也一如天之循復相終始而莫能為之期以窮之矣純亦不已信乎文王之德天之道也陳祖德以薦明禋而必推其原于至德（收局詞采煥發）盡性至命惟一誠之建極而敷猷布管絃而歌先烈又必發其端于乾元相似不違惟至誠可參天而兩地吾故取而繹之以為至誠無息徵焉

理境澄清英華煥發吾擬之風止雨收為霞滿天時也

各還實際劃得開攏得合妙在神韻悠揚不徒精意融結

純亦不已

周鍾

文德同天無息之旨葢明矣夫以文德之純合于不已即何疑誠之配天乎中庸論至誠終之以此曰至誠無息始終法天而已矣夫以不爲命人以不已爲心能通極于命則天下之理歸于一矣詩言於曰於穆不已言文而曰德之純凡言所以然之原而已人有性則有命性衆于氣而開駁襍之端則復其無私之體難耳人有命則有德之介于微而生離合之隙則融其無間之逆難耳若純而體立于無私無私而可觀大化之本也純則功深于無間無間而可與究源流之合也人一念不誠人物消靡其中此甚生者孰識其歸乎至于純而至寡見日

（文心寫入比字呈精細不可）

交于羣感境常動而心不動則與常歲之戚超而氣而爲居者夫何岐
（純字實義）（廣之大之清通）
焉人一刻不誠氣運遷流其內此恒行者安保其究乎至于終而貞元
同日後于萬有數屢移而極深覺則此欲元之體亙終古而常靜者夫
何殊焉即以文王至于今遠矣而其穆穆之德則猶至今存也夫道至
學則天亦不變蓋天而可為天之命惟此無妄之流行而已矣即以文
王之德亦至于今遠矣而其亹亹之心則猶至今在也夫聖之心不息
則天之質不變然天而可代天成物惟此寔聖之參贊而已矣此文
（吳此推開一層具一章結文一句）
為文言之亦不備為文言之為至誠言之亦為求至于誠者言之然亦
一無息也不已亦一無息也至誠無息其義盡于此矣　有尾

結於詩 通章做毛疏隨此爲理家絶筆 錢青將

純亦不

中庸

濯錦川試藝

純亦不已　姚黃甲

純之至者、聖亦一天已、夫人之所以易已者、未有不起于不純也、純則亦不已矣、聖何必不與天合哉、且人自有生來、一動之與靜、不知幾往復于其中、前念之與後念、不知幾起伏于其際、而往往有自為歇絕之時、不能與天而同運者何哉、天無貳而人不免于有貳、故天不已而人不免于或已也、人與天之難卒合也久矣、今觀詩之以不已屬天、以純屬文、而知天之所以不已者純為之也、有一元之通復、斯有二氣之循環、極萬化之不息、總不過一理之常貞、然則知不已之本于純、不可由純而知其不已乎、即不知

先為亦字伏脈妙

趙太尊觀風覆試一名

趙太尊觀風覆試一名

聖之為不已獨不知聖之固為純乎純則亦不已也真與妄不並

〇想〇九〇突〇

域而居無論真妄互宅者非純即令全體之真稍參以幾微之妄

而安得謂之純乎惟純無絕續而業已不純則雖已往者有續而

〇絕〇好〇轉〇語〇

無絕未來者一絕而即續而其介于已往未來之交者猶有絕與

〇文〇氣〇淡〇冷〇令〇人〇心〇醉〇

續之可言也已矣皆此幾微之妄為之矣理與欲不共途而處無

論理欲混淆者非純即令深造之理偶乘以暫萌之欲而安得不

謂之不純乎惟純無終始而業已不純則雖始焉者無所尋其端

終焉者無所留其隙而其隔于為始為終之間者猶有端與隙之

莫掩也已矣皆此暫萌之欲為之矣而吾乃恍然于達天者之

已也爭千古不爭一時而能令一時自聯為千古蓋其貫徹乎一時千古之内者無所往而不遇其無妄之本而渾然其莫之或二其不已也即其純也而誰能區而別之也乎而吾乃穆然于配天者之不已也爭百年并爭一息而能使百年長如其一息蓋其渾合于百年一息之中者無所取而不逢其至理之原而粹然其莫

對勝前

之或雜無非純也即無非不已也而誰能判而二之也乎然則謂

神情愈充

聖人以其純而希天之不已非也無間之内念實與無滯之化機共其周流而惟能純者之自證其合即謂聖人始于純而後進于不已亦非也纖悉之無僞自與斯須之無雜不分而候而惟能純

者之無全其量而何疑于至誠無息之故哉

純粹以精每為之朗誦微吟便如孫月入懷原評

純亦不　　姚

蓋曰文王　不已　　高炳

即詩言而得聖人之本聖人亦一天矣蓋誠者聖人之本而即天之所為不已者也文王之所以為文不外是焉豈非與天同運者乎曰聖人于天非必事事而求其肖也其成于身者確有其可指之端斯合于天者自有其一致之實吾試即詩之頌文王者思之夫文王之業豈非與天無極者哉乃詩獨言其德之純意若欲為推本之論而曰此乃文王之所以為文也蓋惟其畔援歆羨之私不法于內而後其為功也崇惟其亦臨亦保之心無間于中而後其狀在也遠是故廣言之則文王之德所丕冒者及海隅而約指

之則惟有一無妄之神相與爲緝熙相與爲基命而配天也業其積諸此矣挹言之則文王之德所体散者在百世而微推之則祇有此無雜之精密循乎聲臭之表而日章其粹白之光而無窮也休其裕諸此矣夫消不貳之德者天也天惟不貳故時行物生互爲消長而造化卒無消長于其際也不已也有至誠之德者聖人也聖人惟誠故發微充周與物終始而聖人卒無終始之一際也亦不已也蓋人各備乎天之德惟純者有以體之體之而天德全則人事畢集文王之純亦祇盡其所以爲人者耳其天也固人而天也乃天究亦遠于人之事惟純者有以合之合之而人事盡則

是真能生能循聖兼可無憾

天道備與文王之純亦第盡其所以合天者耳然其人而天也則東得精髓

亦天焉已矣大造無心以行二氣之運聖人有心以合一本之誠

而又何疑于業之相符也哉

沉刻脫洒圓融千人皆見政復千人自廢耳　姜試乘

說理如劃沙印泥艾千子所謂吾黨之文確然可據者也　兄亭山

通體精神結聚作看似極平易息心讀之真所謂精能之至歸

于句然他人正苦歷劫不到也　俞坦由

明清科考墨卷集

第三十三冊　卷九十九

蓋曰文王　不已（中庸）　徐濬

蓋曰文王　不已　徐濬

繹詩而見聖德之純。其不已自合於天矣。夫文之為文。可由詩言而見其純也。而純自不已。非與天合德者哉。且我言至誠無息。誠者聖人耳。聖人所以立心。何莫非天道所以立命哉。故聖與天同其寧謐。斯聖與天並其流行。此其兩化一神之故。殊令我再誦篇章。而睪然高望矣。如天命曰不已。詩固善言夫天也。繼咏文德曰純。殆將以言天者言文乎。惟天以至一者佑我文王。而緝熙敬止其心之純而不襍者。皆其德之擬議難窮也。而仰溯淵源。詩言有以窺其蘊。惟文以至一者通於帝謂。而烈假不瑕。其體之純而無間者。皆其德之形容幾絶也。而咏歌遽諳。詩言有以肖其微一由斯繹之。蓋曰文王之所以為文也一光四方者文也。而非其所以為文。茲之純其德者。直統不貳以竝其綱維而積之既深。蓋閎青華於靜穆。顯西土者文也。而非其所以為文。茲之純其德者。恍僾不息以渾其通復。而矢之彌永。莫窮性量之昭融。洵乎文之為文其純為之也。且夫文王翼翼小心。昭事上帝。不回厥德。聿知天威。畫其德之純。始而畏天。繼而格天。乃終而配天哉。不知文之所以純而為文。即天之所以不已而為天矣。蓋德有一私之未淨。即為萬理之未鎔。而天倪已隔。至我文王。既畔援歆羨之俱無。則無一不

（夾注：切實）（夾注：即遞下句緊）（夾注：剔去常解借得真詮）

之偶雜者自無一息之偶漓而太極之在神明幾難窺闔闢終始之倏而綿綿不已焉而何必俟陳合撰之能事哉抑德有片欲之未損即為衆美之未粹而真宰已睽至我文王既臨保肅雝之無射則無片欲之精留者自無片刻之稍間而太虛之窈窅寥幾等（著語入骨）於元會運世之遞而疊疊不已焉不更有神於數法之淵功哉其純也即言天可也不已而已矣即不言天可也亦不已而已矣蓋（何等明快）純即誠也誠之至者謂之純德之純而不已即誠之至而無息此文王之所以為文也此至誠之所以為至誠也（結大）

無一閑字閑句精理為文秀氣成采學使李鶴峯嘆為清峻無

十八

蓋曰

徐

近響洵然　香洲

詞潔氣清字字皆見真際　張樹本

堅凝透闢識解不落第二層匠心營構之作　張慎餘

筆鋒犀利

氣靜詞

○○○蓋曰文王之所以爲文也　閆育杰

卽詩而明其意而周王之盛德可見矣夫文之爲文夫人而知之

而抑知其所以爲文乎曷弗卽詩言而思之嘗思名者實之賓苟

無其實而假托其名則雖載咏篇章奚必紬繹焉而特申其旨若

乃疾欸乃懷旣已無擬於風昔則篇什所流分量呈之固有彰明

較著者爲不禁擬議其間曰豈可咏不觀文王之德之純果何謂哉

懋昭本心此之事而歌咏所及何以曲繪其精神此必有洞見其

有棐章以俟後人之想像允迪爲自盡之業而著

本量此必有眞知其底蘊者而後昭茲來許

事

恩科　三

大雅之咏文王者不可進繹乎蓋人有隱微我難自明而一經旁觀之追慕遂不覺舉夙昔之乾惕爲之表白於當前故唱嘆有微情恍挾聖人之修省以並流抑人有朝夕難綏之責局中莫解其故而一動後人之遙思遂不禁舉前言之刻厲爲之顯呈於當境故古人有婍修如偕僴編之流傳而俱承吾於是可恍然於文王之所以爲文矣原敬止之隱懷不過以慎修思承克全其固有屬誦知昭明之體賡歌間如或遇之也想當日惕厲靡寧而造次顛沛之頃不敢少留其間斷故傳之於大雅在詩人以爲頌揚之具者在後人即以爲全量之呈也

空中摹題之神俱到非時下數語可比

細意熨貼

丰神淡宕

曲折頓挫
歎欵深深

到底錚錚
無懈可擊

雖幽獨自箴難盡喻諸庸流而懋勉之詣力要可於清廟明堂之上而直揭其原推緝熙之神明亦祗以澡身浴德自盡其擔負庸詎知光明之度吟咏間如或見之也憶夙昔作所爲懷而一動一靜之間無或稍留其戲豫故播之歌謠在詩人以爲頌禱之詞者在後人可以爲精能之著也雖剖悉隱矣未求諒於後世而責實有攸歸正存於一唱三歎之餘而後探其旨是知仁敬孝慈當年傳爲盛事亦一自詩言思之覺古聖有純修直以片語竟畢生之流爲美談而一自詩言繹之覺前王有令德直夫是以三復詩言而知文王之所以爲文者

恩科

無一語料纏純字却無一語不渾括全神虛實兼到情文並茂

具見才大而心細

恩科

日

［蓋曰文王之所以爲文也］純亦不已（中庸）　張溥

純亦不已

張溥

詩亦有言配者合其辭而知之也夫文王之純誠足配天之不已然而詩豈盡言哉子思於其辭合而辭之若曰有天地然後有人吾夫亦可自信于天地之間矣乃人於此而異同則求之古之人古今人于此而猶有異同則求之古之往所与念昔先人而擬諸其形容矣要有極至之理徹上與下者焉擬敬吾于天命文德之存想見詩義之所存然而非散焉尔也祭而詩祖以歸所欲美人事已焉未然以當之其天也誦而及天尼以明所可穢天事已焉未足以當之其人也藉言所以爲天則天去文不遠可于天求之亦可不乎天求之矣言所以爲文訓之去天不遠可于文釋之亦可不于文釋之矣其恒久而不已耳並独貞

鏡月光

独為合神

依上來

表選集　中庸　四五　一選

規之為道然耶天蓋弗違焉耳聚之以德剛健中正來言之則繫焉惟
全以物欲雜之則亦不得以氣數乘之統之乎其貫通也其變化而不
已耶豈欲造化之成能然耶天蓋不外焉耳秉之為德精良完固考終之
全歸焉惟全以知識亂之則亦不得以天壽域之統之乎其流行也古
人立言必有淺乎其本非不曰文王在也然而但有其在之神蘊
天曰天焉命人曰聲而道存於對天者對文王則其不已不亦恍然心目也
武吾人立言必有徐乎其數非不[illegible]
故穆命焉令人深思而自得以象帝者象文王則其不已不亦能然上
下也亂他日又曰勉勉我王重言其不已也重言之不如節言之取諸
純亦如斯耳他日又曰亹亹文王質言其不已也質言之不如微言之

[illegible]方知純与不已之說即知至誠与天地之說豈異道也

單說道理則後詩意便失去粘文王与天離之合之真眼点字之神

妙想雲来沉徹參得之劉端甫

純亦不已　　張

純亦不已　　張宗昊

聖心自有其不已而知純之無閒于天矣蓋天不已而人或已者不純故也純則自無閒于天矣其不已也一至誠之無息也夫且夫天與人同在一誠之中則知人之心自有一天也而人往往不能如天者天與誠為終始而人不能與誠為終始于是乎人與天之相去遠

所謂在天無不實也理在人有不實之心

甚也若夫至誠而豈有閒乎詩言天以不已言文以純此雖分屬之

參語伏修悟

辭而實互見以辭也乃或者不免視文易而視天難則且謂純可學而不已不可學也不知人特患不純耳夫人即念念誠未必無一念

爽朗如諾

之不誠此一念之不誠者不純也而以此一念之不誠閒其念念之

誠者即已也人即時時誠亦未必無一時之不誠此一時之不誠者
不純也而以吾時時之誠撓于此一時之不誠者即已也果純矣而
豈慮此乎吾為累文與天之名而觀夫純亦不已矣合吾心之中其
惟不誠無物或間得來
有或至于相絶者固非必其後之不相續也而卒不可謂之不已謂
其中已有絶之者也純則本無纖頃之不續之而又安從而絶之雖
由前以逆歷夫後未見其心之續而或絶也而何獨讓天以不已焉
抑吾心之中其或有待于相續者已不禁其先之有所絶也而即不
可謂之不已謂必有事于續之者也純則本無須臾之偶絶之而又
安從而續之雖由後以統觀夫前未見其心之絶而始續也而何弗

與天同其不已焉吾前言天以不貳矣夫不貳者純之謂也使天不

許文精理

純于爲覆安知其不已于覆使天不純于爲生安知其不已于生是

原評亦字竅秘

天之不已即其純爲之而文之不已亦即可于其純信之也吾前言

原評恰好互証　所謂氣質清純無

至誠以無息矣夫無息者不已之謂也始焉無所雜于氣而即不已

人欲之私以錮之也

于其始終焉無所間于私而即不已于其終是知文能同于天之不

已惟其純爲之而使人能進于文之純即亦可以不已歸之也又何

疑于至誠無息也哉

此題真堅城也以前輩之精心大力未見有確然可傳之作何况

時人此義潔淨精微可空從來作者少陵云盡手看前輩矣生遠

擂搦吾于此才不能不歎息絶倒也。雲衢理解透徹而出以超妙之華宜雲衢之傾倒于斯也。後幅先說天之不已以純之故則純亦不已正當一折便醒而出語更自警絶。對處說純字亦諦當蓋德之所以不能純者只是氣質之偏與私欲之蔽耳。

純亦不　張

純亦不已

江南少道尊觀風 張宗昊
松江府學一名

聖心自有其不已、而知純之無間於天矣、蓋天不已、而人或已者、不純故也、純則自無間於天矣、其不已也、一至誠之無息也夫、且夫天與人同在一誠之中、則知人之心自有一天也、而人往往不能如天者、天與誠爲終始、而人不能與誠爲終始、於是乎人與天之相去遠（所謂在天矣無不貫、理在人有不貫、心）甚也、若夫至誠而豈有間乎、詩言天以不已、言文以純、此雖分屬之辭、而實互見之辭也、乃或者不免視文易而視天難、則且謂純可學、而不已不可學也、不知人特患不純耳、一夫人即念念誠、未必無一念之不誠、此一念之不誠者（與即知詣）、不純也、而以此一念之不誠間念念

華亭錢省考卷簽中集　中庸

誠者則已也人即時時誠亦未必無一時之不誠此一時一不誠者
不誠也而以吾時時之誠曉于此一時之不誠者即已也果然而
豈慮此乎吾為畧文與天之名而觀夫純與不已之合吾心之中其
有或至於相絕者固并必（從不誠無物式間待來）其後之不相續也而卒不可謂之不已謂
其中已有絕之者也然則本無俄須之不續之而又安從而絕之雖
由前以還歷夫後來見其心之續而或絕也而何獨讓天以不已爲
抑吾心之中其或有待於相續者已不禁其先之有所絕也而即不
可謂之不已謂必有事於續之者也然則本無須臾之而絕之而又
安從而續之雖由後以統觀夫前未見其心之絕而始續也而何邪

［盍日文王之所以爲文也］純亦不已（中庸）　張宗昊

與天同其不已焉吾前言天以不貳矣夫不貳者純之謂也使天不純於爲發安知其不已於發使天不純於爲生安知其不已於生是天之不已即其純爲之而文之不已亦即可於其純信之也吾前言至誠以無息矣夫無息者不已之謂也始焉無所襍於氣而即不已於其始終焉無所間於私而即不已於其終是知文能同於天之不已惟其純爲之而使人能進於文之純即亦可以不已歸之也又何疑於至誠無息也哉

於他人無從着手處朗朗言之謙然已觧如土委地如此埶才纔識何處得來　原批

本朝直省考卷篋中集　中庸

此題眞堅城也以前輩之精心大力未見有確然可傳之作何時人此義潔淨精微可空從來作者少陵云畫手看前輩吳生遠擅場吾於此才不能不歎息絕倒也王雲衢

理解透徹而出以超妙之筆精潔朗暢得未曾有宜雲衢之傾倒千斯也後幅先說天之不已以純之故則純亦不已正面一擬便醒而出語更自警絕對處疏純字亦諦當蓋德之所以不能純者只是氣質之偏與私欲之蔽耳

蓋曰文王之　不已

陳　鐸

釋詩之咏聖德而知天人無異理矣甚矣詩之以純言文詩誠善言文耳而究之純也亦不已也孰謂天人有異理哉且自體天之學至而聖人之德以著乃世之言聖者往往尊之以大也是猶齊末之詞而非據為歸本之論耳夫聖實有所以為聖之道而試為實之為天之道初無少異於其間特言聖者未嘗深加紬繹而得其渾然合一之理也如維天之詩蓋為文王咏也乃曰於乎不顯文王之德之純夫純即不貳也吾言天也而曰不貳亦謂得一以清確然常覆得一以寧載者常載在天地固有是純也不謂詩竟

以之咏文王也夫聖人之學大而難言苟非有以見其統體之全

德字純字煞有分際不泛空挑

則且不知所謂德而又何有於所謂純也凡雝雝在宮肅肅在廟

者究莫悉其至量之所存抑聖人之心微而莫測藉非有以探其

精要之圖則必不知其所為純而又安知其所為德舉凡不聞亦

式不諫亦入者終莫洞其內蘊之所際甚矣詩之以純言文詩誠

善言文矣吾於是而知文之所以為文非純無以見立誠不二之

純字為關鍵

體更知文之所以為文非純無以徵與天合一之蘊帝載之微妙

也祗此一理之渾淪焉耳若夫人則形質具而理之至精者不能

不累乎其氣安能適符於本本體守純則理常宰而氣不足以二之

也蓋色不大而知識咸忘無我之盡泯天載之精穆穆緝熙亦太
盡之穆清而已而何所間斷焉化育之迭乘也惟此一誠之闔闢
焉耳若夫人則物欲拘而識之至足者不能不動於其偽安得復
（無二、無雜、發得盡明、標細）
歸於凝固乎純則識常凝而偽不能以雜之也畔援俱絕而歆羨
胥泯各正之體即繼善之初豐今閑亦太和之絪縕而已而何
有先後焉純亦不已不可曉然於文王之德乎是知理之實者乃
能運乎其虛純蓋實之至矣文實有其德與天無間故一陟一降
皆在帝之左右而文之所為即天之所為在文一如其在天也藉
（亦字）
非然者而文之所以為文亦何所據哉理之妄者難以全乎其真
（扣得緊）

文王 味

所〻之至矣文真有其德與天同運故無聲無臭可儀型于文（經之情）
以文以天之為〻文天若即文之為〻〻為文不異於為大也藉
然著而文之所以為文將何所恃哉信乎聖人天地同一至誠
無息而已矣

明白指點理家上乘

蓋曰文王　于天

錢塘程　清聖[illegible]

釋詩而知聖德之同天、觀天而知大道之無外矣、蓋知文之所以為文、則聖即天也、進觀夫道之大者、盡於發育峻極之驗哉、今使頌神靈之異而不推極于業所由隆、伏寥廓之觀而不備究其化所由極、則未足與言德、并未足與言道矣、夫德與天並、有所以立心者、而後神不息之機、遺與天依、有所以鼓物者、而後顯無方之用、此測聖者必抉其微、而觀天者必求其大也、詩言天命、從言文德之純者、何哉、穹然者天、䫉然者我文、豈能遂與天而並量耶、不知所瞭承居、即文之所以通極於天、惟天聚物、惟人奉天、文亦何

西泠文萃

內與天而為觀而不知惟緝熙即文之所以根極乎命詩蓋若曰
不顯之謨非不足振今而鑠古而其所以為文者要不在是淮生
之具雖不外於秉彝而密而窺諸藏之地息息者天且弗違也
（如飢入冰）
則得其所以為文而崇效之迹并有所不有令聞之譽非一不足劃
制而顯庸而其所以為文者亦不在是望道之般雖致嚴於未見
而微而淵諸淵默之聚綿綿者天且無間也則得其所以為文而
然贊之名并可以不設然則不已者天道也而以德之純亦若是
則謂至誠無息之德即天地不貳之道不可哉頌德為聖德而自
與天會其歸道為天道而實於聖立其極則欲知天道之大者觀

觀諸聖焉可矣欲知聖道之大者仍徵諸天焉可矣蓋道之大不僅洋洋也而洋洋者不已周於物而達於天乎自天以下皆物自物以上唯天其相距亦甚濶絶耳乃品彙者之所為根柢即造物者之所為樞紐也一出一入莫究其端而精氣之充直達諸穆清之表天無垠而道亦與為無垠此盛德所以日新也天日生物而不知物之數物日禀天而不知天之力則固有忘於無事耳然徵殊昔曲成而不遺實然體者範圍而不過也一生一成莫窺其跡而見力所而貞驗於於之區道必察而天即為其所察此兩大所以貞則也洋洋乎發育峻極天之道也何莫非聖人之道乎要之

詩洛玄茫

純亦不已

詹自超

聖人合德於天惟其純也夫天道不已而純於天道則亦不已焉故至誠無息且夫天人之合也在天惟一理在人惟一心聖人以定心貫徹無倚夫定理而無一物之疵即以定理流行於定心而無一息之間吾蓋反覆於聖德而知其上合於行健也如詩頌天之不已而即繼以文德之純夫亦謂天之不已固天道之純而文之純即文德之不已也何也已之端必起於有貳理也而以欲貳之即因欲而有所間公也而以私貳之公即因私而有所阻抑已之跡文由於或雜道心也而以人心雜之道即緣人心而純克念

發○心○破○分明

側落

先將不純則已反○極○透○亮○是○講○自○不○帶濁

也而以罔念雜之竟念即緣罔念而跡既紛者之所以不免於（東上）
已也純則無貳無貳則純續之端不萌而曰明曰旦之餘莫非此（純○無○一○誠○未○能○）
極誠無偽者為之出王游衍而靡有間也而寧已也純則無雜無（[illegible]字蛇○中○）
（微○出○不○已○俱○說○至○德○說○）
雜則離合之跡不形而何思何慮之中要皆此真實無妄者相與
往來通復而莫之窮也而何已也一一心安於靜正成性恆見其存（精○義○徙○關○）
存一理渾然在中至德常安於亹亹是故一日如是百年亦如是
（構○不○已○擬○帶○天○道○亦○字○貞○著○落）
本無終也而何從窮其所自終固猶寒暑晝夜之遞嬗而莫得以止
止息焉耳抑靜存如是動應亦如是本至變也而即有以窺其所
不縱不舍陰陽消息之循環而莫窺其朕兆焉耳純亦不已吾於

是而識天人之合矣至誠無息不信然乎

此句結本節並結通章總完箇至誠無息原非泛言天人合一也但不承天道亦字便無根仍是至誠無息話頭此武曾先生確解作者能不蒙混亦字而又得歸結本旨自是確當不易之文

純亦不　詹

遣折取神

法定益曰神清不同尋常脫卸

襯墊醒快

益曰文王之所以爲文也　劉寅

繹詩之言聖德者見純之重也蓋文王之文人知之而其所以爲文則未必知也故即詩之言純者而深繹之嘗思古人之書莫不有大義存焉況在歌咏聖德者乎苟徒泥乎其迹而不究其眞宰之所存無爲貴讀書也詩咏文王之德言其顯復言其純矣今試取而繹之謂顯自純生可也謂純自顯生不可也天下未有光輝之著而不由於篤實者也謂言純不必言顯可也謂言顯不必言純不可也天下未有闇淡之極而不形爲章采者也是故文治光昌文之功也詩人不言其功言其德非謂功之不顯也功著於外

虛實並列
神理兼得

德彰於內黃中通理內之所以宰乎外也文謨丕顯文之業也詩人不言其業言其德非謂業之不顯也業彰於身德昭於心大畜日新心之所以宰乎身也大哉純乎吾乃今而知文王之所以爲文也不二者文德之體主一之所以爲敬也而當日乃悉舉而歸之純詩蓋曰敬之所爲主一者偏端可舉而純之所爲主一者全體無虧也惟曉然於敬止之學罔非不二而顯爍總歸純一之地已示不雜者文德之用望道之所以未見也而當日乃約舉而概以純詩蓋曰道之所爲未見者其境猶虛而純之所爲難測者其理則實也惟恍然於道岸之登原於不雜而顯赫胥歸純粹之中已

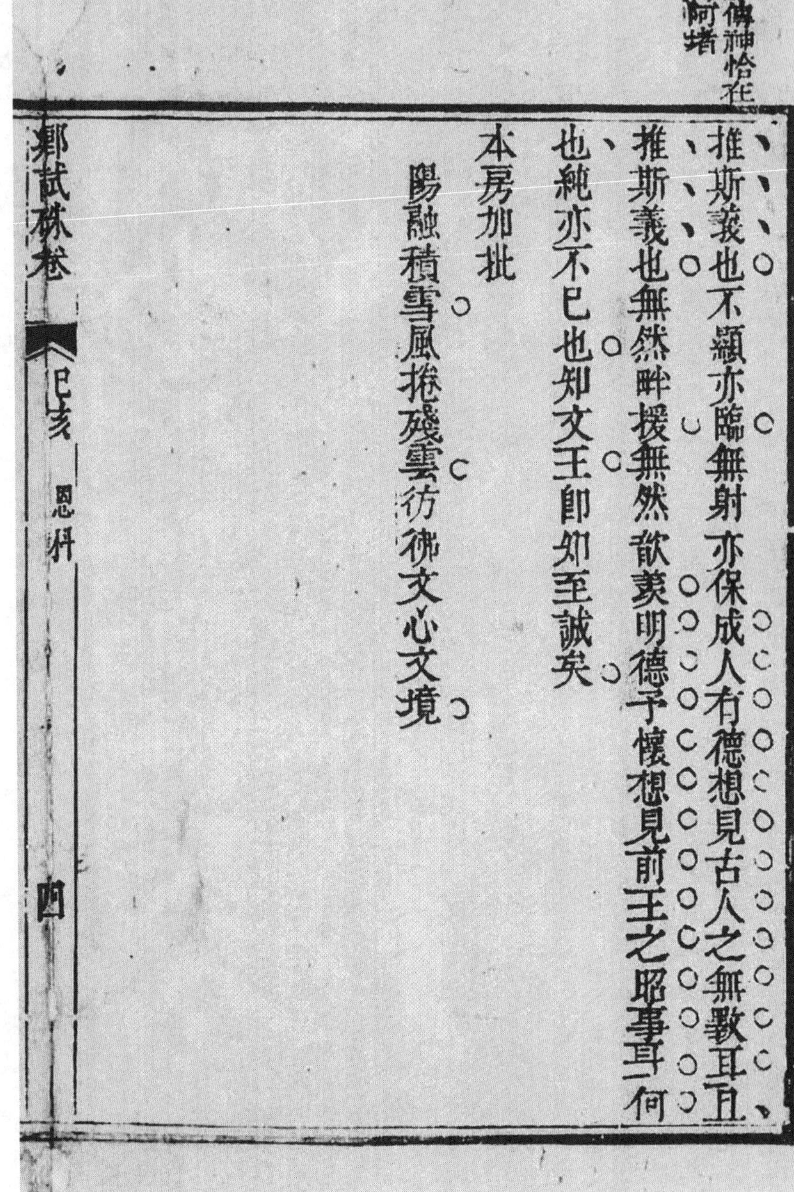

傳神恰在阿堵

推斯義也不顯亦臨無射亦保成人有德想見古人之無斁耳且推斯義也無然畔援無然歆羨明德予懷想見前王之昭事耳何也純亦不已也知文王即知至誠矣

本房加批

陽融積雪風捲殘雲彷彿文心文境

鄉試硃卷　己亥　恩科　四

蓋曰文王之　不已　潘安禮

申言聖德之蘊一不已之命也夫人知文王之為文而不知所以為文者純而已純則何有於已哉中庸謂夫聖誠而已矣誠至則無息不息排其性命之精灼然有以見其遠於百為之本惡知人極一天載也吾言天之所以為天而詩之味不已者盡已纖悉文（須得清晰即伏○本句）亦曰德之純也何哉肇禋而隆配天之業或且張而大之也略其纖而舉其微夫亦幾於質矣齋肅而發先王之懿無事推而遠之（典雅高貴）也求其理而著其全夫且竊於本矣蓋曰文王之所以為多也（杜雅）見於身者徽柔懿恭而文著焉夫一顰之間於中則宜然以動皆

有質而不理者當日宮廟之肅雍一本異質之真試哉之而出是

純蓋文之與也其見於世者金玉追琢而文昭焉夫一派之累於

內則網紀之乘皆有照而不耀者奕代官禮之彬郁一本實豐之

心源蘊之而流是純蓋文之精也夫然而立其誠於三才萬物之

光自密其運於一息終古之際而猶得以不已為僅言天也哉凡

妙力複動能參離賦之情

有物以二之者麗於彼即離於此耦居相伺而已之之際以注純

純山講出不已疊理

者得一以貞無有參之何有隔之定命於畔援俱絕之今見為緝

熙也繩繩焉爾矣凡有物以雜之者謚於全忽乘於瀰之

而已之之緣以伏純者得主有常無有參之何有間之彌性

色不大之際惟此順則也綿綿焉爾矣此天命不已文王之純亦不已也夫聖如文王其功用之盛不啻博厚高明悠久之無偏而無遺者而其所以一歸本於純遂有以合德於天命而同其不已焉夫純至誠也不已無息也故曰至誠無息

末句應章首第一句收拾通章綿綿至誠

無息○得旨

實理輔以高韻堅光發於雋旨故能探宋人之真解而迥拔訓詁

純亦不已

藍綿琛

聖心即天心一無息之誠也蓋純者不貳之謂也不已者無息之謂也聖也天也一誠而已矣且誠也者人心不已之天也而人心之天何以不同於穆之天常人之心之天又何以不同聖心之天無他或已與不已異也一今觀詩之咏天也曰不已而其咏文也曰純夫所謂純者亦純其心之天而已矣一天不已也而人心之太極無始而無終則亦不已不已者天之命也而人心之无妄流行而不息則亦不已然而或已於形矣或已於知矣形氣滯而物與之真雜以人欲之乘情偽出而本然之體間以後起之私或間或雜皆謂之已皆謂之不

純夫純者不貳之謂也貳則無命無命則無物故天以其不貳
者純乎健而地即以其不貳者純乎順而山水即以其不貳者純乎
峙與流之理一而不已者又乎誠無息之謂也本命為性者性不息本
性為勇者勇不息故聖人以其不已者見天之元而即以其不已者
會天之貞而即以其不已者運貞元於呼吸之幾至哉聖心之天乎
純于天以勝乎人於剛為金於粹為玉矣純乎天以體乎天於道為
乾於行為健矣微之博厚一純仁之治也上有百年之澤下無旦夕
之功由博厚而得悠久博厚亦不已也微之高明一純王之精也屯
崇巡發而偉績常昭升降遞更而聖神常耀由高明而得悠久高明

亦不已也。而豈徒曰維天不已哉。在天者萬古之天即聖心一息之
天在聖心者一息之天即萬古於穆之天天不已也聖不已也夫亦
一言以蓋之曰誠而已矣
人心之天聖心之天萬古之天一息之天自非解人不能道破其
根據精湛則易鋰性理合而為一者也

蓋均無貧　　王辛元

推貧之所以不必患、知均之為利溥也、蓋能均、則不特無貧、而已、也而已不至于貧故不均足患也且人苟有憂貧之意則將利人之有以為己有而不知越分以圖自古及今未有能濟者丘嘗繹寡不均之說而得其故矣昔先王封建諸侯各有分土下逮卿士咸授采邑焉以酬勳亦以養廉也君取十臣取一定制釐然均莫均于此矣夫何貧之足云自貪得之念起謂東千分將不免于貧也奚利于均自縱恣之習開謂苟其常職日卽于貧也曷貴乎均其究也攘諸他人而不克自肥取諸額外而未必永享欲去貪而

（臣○人○均○字○方○有○力○）

貧益甚又烏知均之為利有大為者哉苟有國者以禮為閑而一
遵乎定分則欲不敢逞也取其均而已矣均則山川土田錫自先
王者至今可守將幾禾奈盡久然家丘馬甸輿不歸私帑晏然（臣○詮○均○之○所○以○興○貧○世○未○嘗）
坐收夫衣租食稅之常而何至于仳離有家者以義自處而不越（訛）
乎常制則私不敢徇也求其均而公矣均財錄象山桑波及臣家
者永傳勿失將奈器衣服可以不假有常食服各循其規寬然共
樂夫爾疆彼界之奉而何慮乎飢餒均之無貧有斷斷然者爵以馭
貴祿以馭富原非私意可恭故即均而得貧猶非君子所敢踰而（言○之○繫○）
況所分之數既無或偏則所入之數自無或絀而貪冒之情可以

息矣準事詔爵準爵詔祿更非後人可奈故即均而無貧亦非君子所預計而況受之先人本無時輕時重之勢則傳之後世豈有或豐或嗇之虞而心計之佐何所用之甚矣貧不必患也貧不必患而患寡乎哉此均之利也

無一意不切實無一語不高超　[illegible]昭文

人所囁嚅不出者獨能探蹊而出非胸有成竹未易辦此　徐月帆

凡題必有所以然處于此推敲自成名構若徒賞其詞藻高華猶未許為斯文之知己　瞿幽敎

蓋均無貧和無寡

江蘇李宗師歲覆　華亭縣學二名　王家楠

國家惟由均而得和，而貧寡不足患矣。夫不均因而不和，不知均自無貧也，均而和自無寡也，奈何患其所不必患哉。且先王之建侯樹屏也，命之國而錫之邑，凡以有人斯有土，有土斯有財，君臣之分不敢不凜也，上下之情無有不通也。概自後世患貧患寡之紛紛，其（發揚蹈厲聲）為國家之害可勝道哉。而要（勢如破竹）惟不和，故曷為而不和，要惟不均，故審是而有國家者，宜以不均為患，而寡固不必患矣，何至患貧。其患貧者，吾知於尊卑之位先未定也，審是而有國家者，宜以不均而因之不和為患，貧固不足患矣，何至患寡，其患寡者吾知於上下之交未作其孚也蓋均則冠履辨而君令於上臣共於下均則天澤嚴而國率乎家家承乎國吾未見均而猶患貧者也（原評極詳爽意緑細密詞極穩重）君享公賦之入臣有采地之供綱紀嚴明之世大法小廉在下者覬覦之志不生而君十卿祿咸怗然於分之一定而不敢干曾有（先民是程）以終寠傷其心者乎其無貧也道固有操之於均者也夫均則和矣吾未見均而和而猶患寡者也君撫其國之民人臣有其家之衆庶內外一德之朝分上治民在下者猜嫌之心不作而綏爰有衆悉昭然於情之至公而莫敢二曾有以孤弱貽之憂者乎其無寡也道固有守之以和者也然而知貧之不足為均患矣均未

（重寫均字得法）

有貧者也。王者樹后王君公。（僕茂似西京）於國置大夫。於家祿由爵定。而要以德盛者報厚。德薄者報薄。名位莫參斯食其土之入者。不必有厚自兼併之恩。惟然而知寡之不足為均而和患矣。和未有寡者也。王者分茅而胙土。錫姓而授民。分以情聯而要由君不疑於其臣。（論鋒四射）臣不疑於其君。公私各得斯邑之有其民者。不更生滋蔓之計。若由和而得其安則無傾。固其理矣。豈惟無貧寡哉。甚矣均之一得無不得。而所患在此不在彼也。

側注有法。以清快之筆。達之手眼。都無遺憾。　原評

氣雄筆健。脉絡清真。直踞無上峰頭。○此題自應側注。而一膠

於法則葛藤不已。文揮寫如飛筆筆有法而法騰於空。洵可以化學者粘滯之病。而氣度之蒼深穩重。仍不落輕滑一路。蘭莊王文此作當與錢吉士先生全節題文並垂不朽。徐香沙

蓋均無貧　三句　王朝爕

惟明不患之故，知所患則自無所患矣。夫均安固所以去貧寡而名和免傾，即在是焉。為子孫計者，尚其鑒諸。今夫懷久遠之憂者，何必競競焉逞富庶之謀哉。惟此上下間分無相侵，情無相忤，勢弗相□，與天下共安於無事焉，則不必富而富在其中，不必庶而庶□內，斯久安長治之謀，古人已然存其旨矣。如有國家者所患所不患若此，夫不均不安，雖無以名祥和之氣，而為貧為寡寡以勢□之由。古之有國家者，夫豈不為子孫籌萬年之計哉。其只斯也，吾嘗往復前聞而知其故矣。國家當

柏合盍字　入□字

六九

積昌秋　　　悉心而太息然其要不在圖大之為而在戢
寧之也掉　　者而朝多凌競之風野鮮恬熙之象則運祚之傷
也　他　要危之皆謀國者亦動色而深思然其實不貴啓疆之
（一開六合情致娓然）
群　區本之思也覘其國而上有恬豫之休下絕凌逼之漸則
（述他上兩下三上四下六脫卻清楚）
子　存也夫古之所患者唯不均與不安耳均甚則和甚而安
全可立決所不患者正貧與寡耳無寡自無貧而無傾可類推者
先王分土之初制賦於國制祿於家寧至度支之告匱自貧侈之
心滋見以為貧之日甚耳一日者各得其分家國有均平之象焉
川攘奪之謀不作而如梁如坻之稼自多楚茨甫田之休其風豈

六九

叉乎吾觀欒郤至於臧亡狐續降為皂隸未嘗不嘆不均之為禍至烈也均則無貧斷乎然也原先王愛民之心二十以上上所長六十以上上所養何至戶口之衰息自謀私之計深見以為寡寡自呈耳一日者堂廉情洽家國有太和之氣焉則腹心之誼益堅乎親臣庶之衆彌感保障父母之倚頌聲豈盡祇乎吾恩薦草乎終鋤圃杞歸於必叛未嘗不嘆不和之為害至酷也和則無斷如山二且夫礪山帶河爰及苗裔者有國所深謀也賜姓受乎彼其為有家之長策也以國庇家以家衛國亦何傾之足害不甚所至於傾則覺傾耳果其猜忌不生家

如題平還

蓋均無貧　下　七十

國家　寧川土田永奠苞桑之固貳宗米邑猶忻血
金甌斷　所宗之軒保家之主風徽於今可係望也彼夫末大
本　之變翼飛有必剪之勢孰非不安貽之感斯安必無傾斷
晉　吾願今之爲子孫計者患人之所不知患焉偏陂盡去上
下咸　德之休則磐石之宗不動不患人之所共患焉反測不形
邦域無蕩搖之象則覬覦之念全消誠哉古人之言斷以吾意而
益信也　蓋寧叔

迺以正希文爲最吉士一出以正當樸實略用文敏粹本而擴
之亦稱擅場此文稍彷吉士而神情醒動又未必盡媿前賢之

和無寡安無傾

吉宗師歲試取進 晉江辛第名 何奕簪 未字

繼均而言和與安不徒貧之無患矣。夫和由於均，固宜其無寡也，至因和而安其無傾也，不又可信乎。子若曰：吾不解今之有國有家者，群欲保聚其民人，而弗思人民之所以保聚；群欲奠安其社稷，而弗思社稷之所以奠安。向非上下各得其分，使群相輯和者，不至互相疑忌，而猶窃窃焉欲保聚民人、奠安社稷也，多見其不知量耳。如均則無貧已。獨是均豈易言哉。不均則財用未足，庶民何以泯寡落之虞；捊聚無方，家國何以除殄瘁之患。噫，是殆必不免于傾矣。然其故雖胥相而至，要未始不由不均來也。若其均焉則安得不由均而遞推夫和所可慮者上下和睦之难覩而彼此相傾遂至互生嫌隙耳賤而妨貴小而加大将共作不靖是慮何暇言和若夫彼彼不見其相傾上下克睹其和睦鹿民誇林總之盛百姓獲生聚之繁将見不患貧者亦並其不患寡也君子曰由是愈可信其均矣由是自可見其安矣且夫安之难也非必接奪成風而強弱相侵者不得謂之安也即或外無窃擾之形而內猶存猜嫌之意将中懷未底于綏靖究难予以相安之名上下而至于安苞桑社稷豈其然乎傾覆国家吾知免矣要其所以無傾者始于無寡也即始于無貧也向非由均而和且安何以得此他

惜今日者世風不古。而協和之景運争開。安靖之休風莫覩。既不能均其分以致和。又烏能和其情以獲安。君臣為虐。上下相陵。如是而謂羣黎猶可泯寥落之虞。家国猶可除殄瘁之患也。恐民寡等矣於財乏而傾寡亦即在乎貧寡。矣吾願有国有家。者亟思其所當患力可。

何

衛□□稿　下論

蓋均無貧和無寡安無傾　何齊聖

著均安之故可審不患貧寡之由也甚矣貧寡之故由於不均不安耳均且安矣豈尚有不和以底於傾者乎今之有國家皆往往以貧寡為患即有甚於貧寡者而弗計也於是操一不恊之情即至祀不均不安之事而不體原其初不過欲去貧寡也而豈意貧寡之不可去者又旋底於覆敗也哉則丘所聞不患寡而患不均不患貧而患不安之說請得而觧之夫均安有相因之機也上下各如其分則不見有貧寡之數則輯順覩睦其中即寓有至和之意且貧寡亦有相乘之勢也上下意不相容久已忘均安之效則侵凌倍畔其既形矣

有相傾之事然則不患貧寡者豈遂終於貧寡也哉而患不均不安者又豈徒為均安也哉乃均則無貧矣名位既正君享公賦之入臣乎采地之供心無餘貪雖貧亦富也而况無貧乎乃和則無寡矣情誼既協君撫公室之民臣用私家之士勢無偏重雖寡亦衆也而况無寡乎乃安則無傾矣強弱既定君無疑畏於其臣臣無猜忌於其君分不相侵雖傾可挽也而况無傾乎是知國家之福從和輯而生然非均以開其始即求為貧而亦不得也國家之禍以傾覆為極然非安以消其萌即求為寡而亦不能也而奈何不均者之并不患不和也夫豈知國至於不和而其情將不止於不安而奈何患貧者之

振起盖……中
差續
轉折有勢
和頒二……是泳出另
提有法
收此衆上截三字

惟患寡也夫豈知家至於患寡而其勢將必至於相傾今而後貧可（此句繳上截三字）以不患矣惟患其不均以至不安耳寡可以不患矣惟患其不和以（又撇轉上文却含有蓋字之神）至於傾耳何則不均不安以為有大於貧寡者矣豈但不和之足慮能均能安以為有過於不貧不寡者矣又何傾敗之足憂古之善用（用然蓋字）患者蓋以此

吳易齋夫子評

曲折頓宕文情周到而提掇安放鉤帶斡旋處尤見經營慘澹非熟於古法不能

極鉤棘題而以踈爽出之令人心自豁然讀正希文不如此作可

以破悶　仰蘭皋

盖均無貧　無傾

蓋均無貧 三句 金聲

患寡 患貧 論傾字

今夫有國家者好生事而求多于人此意不過欲富非盡有傾覆之

慮也乃武以傾為辭若余所聞不患寡而患不均不患貧而患不安

是蓋字神理 二股用反筆就均字心字消字面提清

之說皆得而解之一蓋將為子孫計乃不各均是念非直厭處寡也亦

上以均與寡既說此以均與貧既說故以寡串出貧來

以為一寡之後其貧匱之意即不可以終日而不知患寡之時弊多

寡之象亦盡生于人心且既為子孫計曾不各均是念豈誠不顧其

從均字生

出安字

安哉亦以為患寡之時其計不過不均其勢何處不安而不知不均

又從均字出和字顛字 先講介句

之後其中即有不和之意其既乃亦莫有相傾之事不如國家各如

均與無貧蓋承討二小股

共國家不以僭擬兼吞之欲止于君公卿長之地由是而國家各供

崇禎大小題文讀本 論語

論語

其國家所謂靡然煩費之舉亦不出于裁然至足之中益天下事有定數則見其然者有定情則實不然者以國俯家以家仰國比量焉而均焉者未必無寡也此定數之見其然者也而以國用國以家用家斟酌焉而均焉者之尚有貧也此定情之必不然者也且是均焉者亦初無寡也彼其均焉則已和也物以兩忘而各成于所處君子之上下內外至相為用且今焉而見多情以相傷而自少其所植君子之失得出入既無可爭亦暢焉而無憾益至是而有餘不足不必相取非其憂之焉制于不得已而命于無可如何也其心安焉苟至是而强弱遠近有迹無心可以相為終身亦復可以相為世之也庶

仍〇又〇悲〇寡〇翻〇出〇無〇貧〇

就〇均〇說〇出〇無〇貧〇作〇二〇小〇股〇

又〇從〇均〇串〇出〇無〇寡〇方〇乘〇落〇和〇字〇

就和說出無寡作二小股

呂云落第三句氣〇稍弱

〇或云安字當在

安與無傾流水对二小〇股

按上說不在〇心上說

蓋均無貧　三句（論語）　金聲

乎其或免于傾矣夫古今來國家亦有傾者傾非必其盡貧之非必

何傾字虛字收上先貪无寡以見患寡與不

其盡寡也而若之何總之焉日求免寡免貧以為免傾計也且夫國

則克無

家亦既安矣雖且寡之亦不貧雖且貧之亦不傾也而況乎其盈之

於寡貧恍則知　而傾上文盡字照其

焉又已無貧無寡以至于孫也今而後真不患貧矣反患其不安以

至于傾耳亦不患寡矣惟患其不均以致不和耳奈何實以厭貧之

呂云應

本滿意枝

心而發為益寡之說乃假保傾之名以遂其不和之事貪寡則吾不

知之從所舉且日就傾敗之道也豈不悖哉

上文上有均安貧寡四字且以均與寡配說安與貧配說此處出

和傾二字又錯綜相配作文甚費周折此文妙在起二股用反筆

以不均患寡串出安和貧似四字此處提清下便迎刃而解中後三句遞講下去用筆甚曲折變化後幅從末句遞捲上去以與起處相應作法更為巧密起處既從不均患寡提清字面講貧句仍以患寡翻出無貧落次句又從均字串出無寡然後逆出和字蓋題既從均字說起且惟寡故貧二字原有次第哉以上不患寡而患不均句作線索也緊抱上不患寡二句發論際得蓋字神理若如大士作後幅將蓋字空發二股便失之矣

蓋均無　金

甲寅七门
東寧陪課 袁弘仁

蓋均無貧　來之

推所以不患之由、而來遠又在文德也、夫既均安而和矣、
貧寡且不患、而況傾乎、若欲来遠人、則文德曷可弗修耶、
且國家所以長治久安者、綏邇在內治之備、而懷遠即在
屹如山立
文教之宣、無事勤兵於遠也、以予所聞有國有家者、非貧
詞簡意盡
寡之患、而患在不均不安、然則均安誠要矣、而勤兵方遠
有眼
者、輒欲速得志於天下、方且不務文德之修、以為拾徠之
吊下自然
術、第竊竊然貧寡是患、吾則以為不必患者何也、蓋國家
重頓均字得竅
亦莫難於均耳、均則君以不貪為寶、臣以不侵為德、公賦

東寧陪課

與采地均有所入而何貧之是患無貧則君子君之民臣子臣之民公家與私家各得其分之和而寡又何患焉無貧無寡則君安於臣而堂廉可以一德臣安於君而宫府可以一心與國家於磐石之安而永無傾覆之患者此也

蟬聯而出落題緒一絲不紊

夫人主清心寡欲而百爾臣工復相與秉憲貞度吾見内治既修化馳若神分則大小之相維也勢則輔車之相依也朝廷之上體統尊嚴而富庶日甚近者咸請入臣遠者亦求置吏所謂四海賓服萬國來同其在是歟夫如是而遠人猶有不服者哉其或不服則遠人之負其險遠也何

豐縟中須跌生姿英邁神駿大合古文筆法

東上起下文情古茂宛有西京氣息

忍以一時梗化而遽與閉踈之師如或可來則遠人之樂於歸附也又何敢以一意黷武而阻其向慕之忱（針鋒相對筆已渾逸）於是修其禮樂以整肅之則井田學校可以養人心之和平（水到渠成）而懷其德者罔弗拊誠矣修其政刑以悚惕之則科條象魏可以肅耳目之觀瞻而畏其威者莫不震疊矣為閉遠人何以來則修文德以來之以視動兵於遠而欲速得志於夭（收束完密頤吟）下竊竊然（自雄）患貧患寡而不以均安和為長治久安之道者不亦大異乎吾所聞耶

林學院評

東寧陪課　蓋場

隨題布置如題輕車熟路也

才大法老字勘句酌盡美盡善允推名手 張雪樵先生

論題層節亦覺費解文却舉重若輕縱送自如具絕大魄力至古藻繽紛盤鬱紆迴猶其餘事 黃元寬

○○○蓋均無貧和　三句　　徐烔

於家國而蓋保其有者亦可以斷其所無矣蓋惟均和安而後可以常有國家也尚何貧寡之足患而憂于傾哉且天下莫善于各有其有也各有其有莫或有矣彼彼焉者何莫之知也而曰吾有所甚患者爲之徵于往訓而告之以所患之不在此則其所甚患者既以患而預之而其所宜甚患而不知患者又因能患而預之矣蓋國家之禍不以寡而已極而患貧寡者所必至也國家之福皆和輯所自生而患不均安者亦以至也則莫若均也均無貧矣此先王之定經制也封疆采邑不既有常乎有國者足守其典章有家者足偹其

宗藩屬在附庸各賦其秩矣。誰敢干之。夫將取之家以益其國取之國以益其家。不堪富矣。又況取之人之國以益其國而實以益其家々則養其富矣。孰是甘于貧者夫均寧有是也則已甚和也和無寡矣。昔先王之錫土姓也君臣上下不欲其感頼乎有國者樂感其枝輔有家者樂於其本根越在隣比各率其族矣夫誰復爭之夫與取之家以隸其國取之國以隸其家從此隙矣又況取之人之國以隸其國而實以隸其家々則倍其民矣孰是宜于寡者夫和寧有是也則又甚安也安無傾矣昔先王之利建侯也山川土田不欲其永存乎有一者思措之磐石有家者思繫乎苞桑蔑茲小弱恃以無恐

（夾批：以有亭醒無字自出）

蓋均無貧和 三句（論語） 徐炯

矣夫誰戎俊之夫將取之家而或反失于其國取之國而或反失于其家亦已殆矣又況取之人之國而或反失于其國而因以失于其家亦且不可保矣孰是慮其傾者夫安寧有是也則惟善用所患之故不然而勢至于傾即欲守其貧寡而不可得矣而有國家者率未有以傾為患何哉貧寡之說中于其微而均安之計忽于其始也已實啓利而忿爭交作失致祥之和氣而欲以保世滋大丘未之前聞

收合處於敘不作文法古

以國語公穀久似韓非子亦似劉向說苑然如蜂王之釀蜜無複花蕚之形矣 艾衣盧先生

題中字眼錯襍若更穿插則是治絲而棼之也用意在前後中間

六科大遠集　論語

只作三大股節罡勝正希先生作其白與季氏對照朴直中先

藏得在。

盡均無　徐

蓋均無貧　無傾

徐邁

進詳均安之效益知所患之宜審矣夫國家之利在和而害在傾固古人所言均安者而申釋之夫子其教人以審所患哉若曰吾取古之有國家者以正後人使徒知其專及之心而不明其兼及之效則古人之用心幾無以自白矣蓋如是期之而即如是得之者固可因所已言而推其由如是期之而不竟如是得之者又可即所未言而考其備取其效而悉著之然後知古人之慮至深遠也以丘所聞有國家者患與不患既彰彰矣雖然事之不足患者必其置之而無足慮者已使不患寡而遠得寡不患貧而遠得貧則置之不若其謀之矣而古人何以竟置之也事之所當患者必其圖之而遂有效者也

使滌引伸類及之志

均安寄是已言

和與閱是未青

虛處補義字眼只所以患不患

之意

引無字根清神遠

使不均之是患而寡益甚不安之是患而貧益甚則兩之不若其置
之矣而古人何以必因之也吾於是知古人之患不均安其利不盡
於均安也利不盡於均安而不能外均安之理以相求則吾浮進而
（和即在均安之中傾即在不貧）
（寡之后出叅有法）
予之曰和古人之不患貧寡其害有甚于貧寡也害有甚于貧寡而
寔由患貧寡之心以相引則吾浮進而危之曰傾傾國家之利在和
（補和傾有法）
（三者相因說本双峯饒氏又補二比理足神全）
而均寔開其始則均而後和和而後安者事本相因固可循端而究
其全國家之害在傾而安寔消其萌則無貧而即無寡無寡而并無
（傾向有法）
傾者業有由進也可推類而大其功盖唯患不均而後可以言均矣
夫國家之慮其未均耳均則位分所定足以洽上下之需又何貧之
有之次無貧固與安相因者也而均則無貧已有然者唯均而即可
（和叅于内三又）

以言和矣〇夫國家之慮其未均而和耳〇和則情誼所孚〇遂以泯僭踰〇之志〇又何寡之有與〇夫無寡〇固與均相成者也〇而和則無寡又有然者〇唯均而和而并可以言安矣〇夫國家之慮其未均而和〇〻而安耳〇安則堂陛一體〇遂以立永寧之基〇又何傾之有〇與夫無傾〇固不必出均安之外者也〇而安則無傾〇更有然者〇是知所患者在不均安而和〇即與均安而並著〇所不患者在貧寡而傾〇即與貧寡而俱泯〇有國家者曷不取所聞而由繹之也〇

題因添出和傾〇便易荊榛錯配〇貧寡〇便易牽扯〇坐知參人立論〇緣理而言〇不必反覆回護〇此三句只申明患不患之由〇亦無明患不患之效〇變峰饒氏之說最為確切〇一往翻剝盡致〇疏解入神〇應空

房書文存　下論　蓋均　徐

從〇前〇作〇者〇

和無寡安無傾

江南揚宗師歲入華亭四名 高試

由無寡而并決其無傾和與安皆本於均也夫傾之可患甚於寡而寡之患由于不和無貧之後抑亦無寡以其和也又豈有安而傾者哉且夫古今以來家國之傾焉者非少矣揆厥所由非由于人民之寡也其求免于寡之意愈殷而其日趨于傾之勢愈迫則以其不和之甚也又以其不安之至也均焉既無貧府庫有豐盈之慶家國遂享磐石之固乎而或者因財聚于上民散于下家與國有因寡之故而至于傾焉者然吾謂貧既無虞寡亦不足憂也蓋寡之足憂繇于不和而不和之釁端由于不均夫均焉而有不

和者乎吾見夫君不侵于其臣上不侵于其君而明良合德冠履無倒置之嫌則雖版圖之所載各有定分而已自覺其有餘也吾收無寡二字的當見夫臣戴君為元首君倚臣為股肱而上下同心天澤有相通之氣則雖戶口之所屬限于常額而已無求于分外也然則家國之無寡可于其和必之矣而吾觀夫衰季之世以臣子之强而敢侵奪夫君父原其心非徒在于得人之衆而夙夜之所隱憂者惟心一旦而傾不得不攘之于君以自固而孰知其就于衰也日益危何則不安之甚正其速之傾者也若夫均而和焉不亦安矣乎權臣窃国其于義為不正未有不正之家而得以永固者也古可勢

是而待矣安則君無尾大之虞而臣有苞桑之固理蓋有不驅者
耳强臣欺主在于法為不赦未有不赦之家而得以寝昌者也有
如朝露之危矣安則上無四分之禍而下誰卜五世之衆勢盡有
長寧者耳蓋和與安相為表裏一均焉遂有相因而至之幾寡與
傾患有重輕和且安焉即有連類而致之數釁之有季氏不得其
和也不得其安也不和不安在于不得其均也傾將不免何暇寡
與貧之是患哉

斡筆絶無痕迹吾正取其清輕　陳艾山

上言均安貧寡此處添出和傾兩字須看其前路斡入均字貧

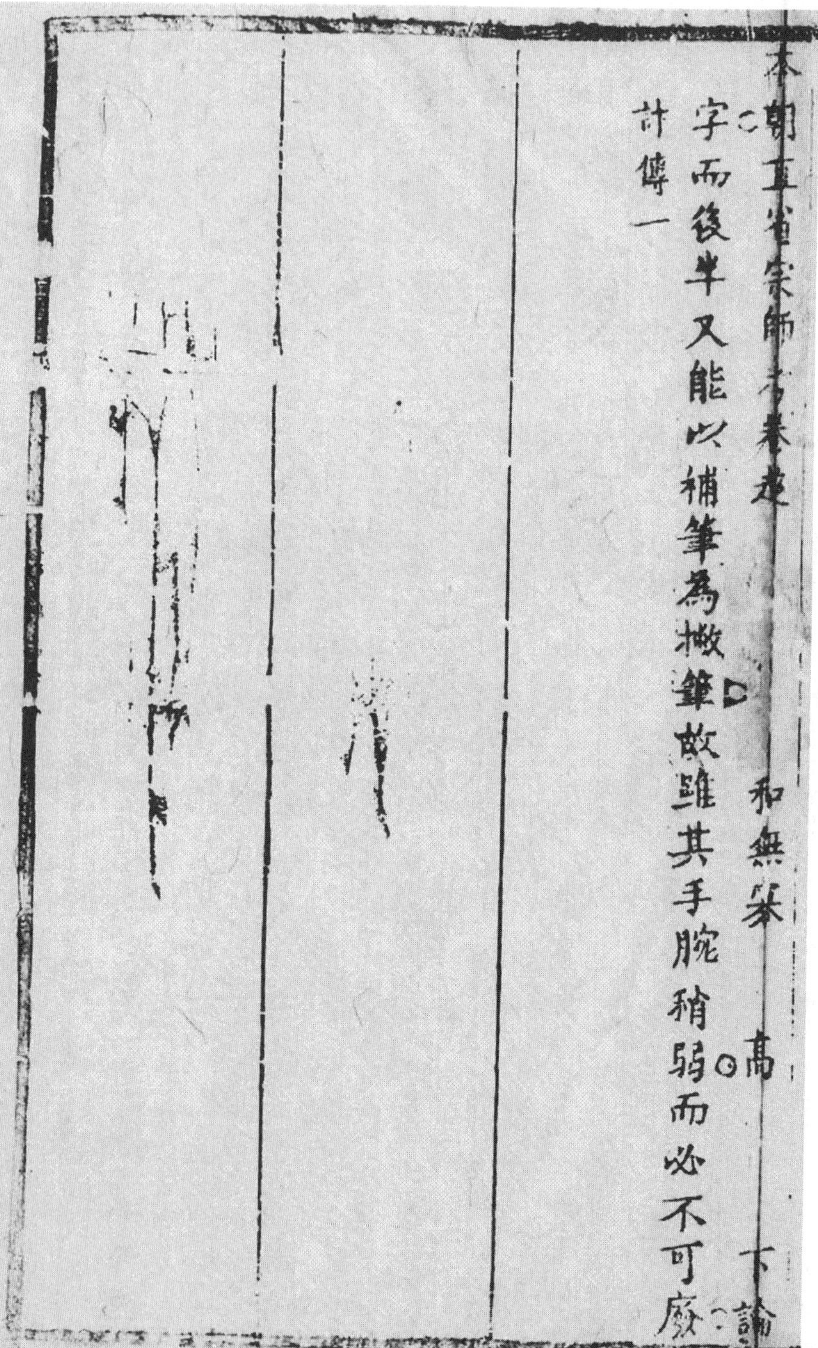
本朝直省宗師考卷選　和無架　高　下論
○字而後半又能以補筆為撇筆○故雖其手腕稍弱而必不可廢○
許傳一

蓋均無貧 以來之 戚藩

治内者不勤外其德是以懷也夫均和安非以爲文也而文脩於此矣奚事勤遠爲功乎且先王之世惟休用非其有使非其人是以遊逸無携心也而多欲之主困之遂以攘其有或其人則好利必至於内危而佳兵必至於外數窮止曰黷武無烈且坐失其長亨之利矣然則養天下於至和而措大勢於不傾將以服殊族修國容果何道而可乎子所闡均安之説則誠重有利也懷瘠人之心將自瘠也還弱人之謀將自弱也是故傾彼國者傾其國其宮旋相躔也與人同其富是我寄富於人也與人合其衆是我積衆

於人也是故彼之所安我安之其利亦相效也分邑之不守而取（○切○季○）
（○氏○李○）鄙取鄉可為無貧乎蓋辱藏莫如均采以下無私田則食租而已
豈殖矣爾室之不睦而作軍舍軍可為無寡乎蓋振旅莫如和鄉
之貳無爭民則禮讓而已豫附矣社稷之無依而專會遂事可為
無傾乎蓋康定莫如安封以外無數動則偃甲而已惟休矣豈是
之時列爵分土而方物貢於外朝講信申盟而世貢及於遐服又
寧事賦車攻歌六月薄言示伐乃始款歸而恐後乎然而物衆地
大孽生其間俗異聽遙改多弗率遠人也不服所繇來也雖然是
豈可以咎遠人哉我有爽德而出車於田殆益貧也錢之形亏而（○智○許○周○足○）

風背殊異
曰吾以燕嘉賓此豈有大啓土宇之心欲坐要荒於明堂之外而
遠人知禮不可犯矣我有逸德而逸衆於郊殆益寡也譏之可哉
而曰吾以樂泮宮此豈有臣隸殊方之志歟馴鷙鍒於訓辭之間
而遠人知仁不可欺矣安在彼邪之人不可和慶而侮七兼弱徒
相傾敗為哉昔者江漢之邑啇亦惟告於文人武成而業望要啟
求戎懿德哉修此而來之守土無侵至均也神武不殺至和也邊
鄉不辭至安也吾無利與財賄吾亦是以不貪吾無貪其民人吾
亦是以不寡吾無[illegible]基宗祀吾亦是以不傾有國者棄弓來矣而
恩懷戒好音矣有家者相禮數總而謂中國有人矣不然貪遠略

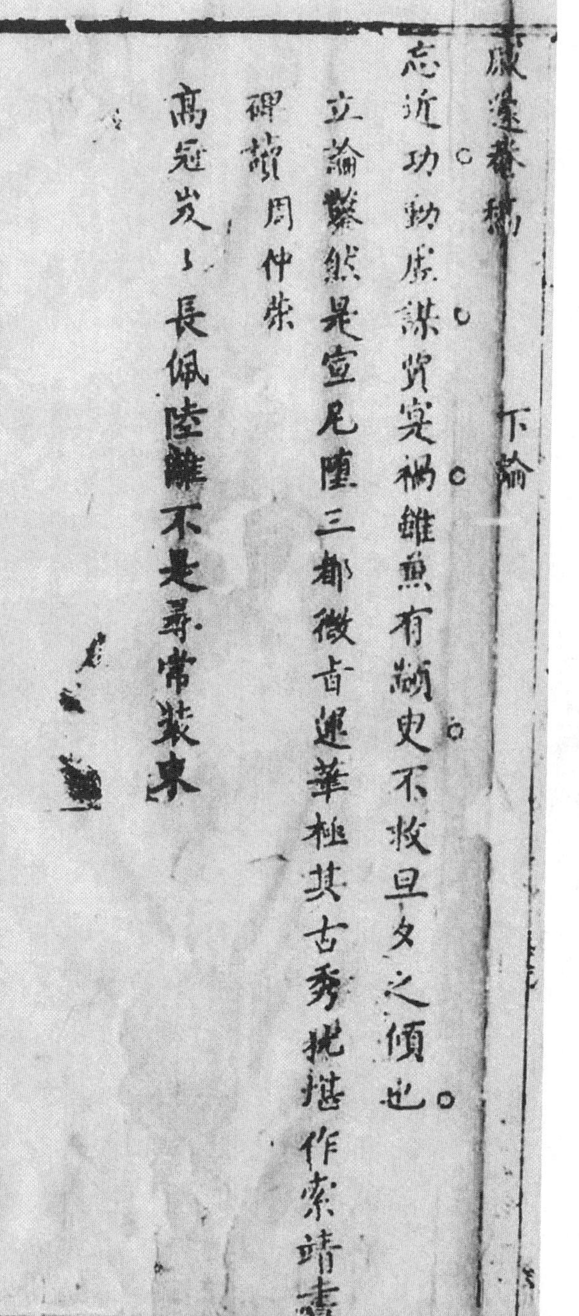

鹿蒙存稿　下論

忘近功勤虚謀貿寔禍雖無有斷史不救旦夕之傾也立論警䇿是豈尼墮三都微旨邏華極其古秀挑撻作索靖書

碑讀周仲榮

高冠岌岌長佩陸離不是尋常裝束

○○○蓋均無貧和　三句

福建徐學使歲考　惠安縣學二名　莊承祚

均安不徒免于貧寡則古之用患者得也夫國家可貧可寡獨不可傾均和安則無之豈徒貧寡是免乎以不均不安爲患者非過計也今夫人之所急而偏緩之人之所緩而偏急之或謂其寡謀也或謂其迂闊也夫彼誠窺隱禍者非苟而已也國家之禍至傾焉極矣傾則求貧而不可得也况無貧乎傾則求寡而不可得也况無寡乎則貧寡之患小而傾之患大也以傾與貧寡較寧貧寡毋傾者勢也以無須與無貧無寡較舍無傾而取無貧無寡者情也以貧寡之可患顯而傾之可患微也吾以爲幾有由伏非知者不能深察理有相因

（學情兩[illegible]八面俱利）

即愚者皆得靜愚彼寡之不敵于均也均且無貧也均則和矣又何患乎寡貧之不敵于安也安且無傾也無傾則不徒無貧矣又何必患寡與貧夫乃知患不均者實見均之所關匪細也夫乃知患不安者實見安之所係匪淺也夫乃知不患寡者終無寡之可患也夫乃知不患貧者終無貧之可患也夫古特言不均不安之足患耳至不均不安之何以足患不明言也關之則必患患之則必惕惕于不均不安乎惕于傾也惟惕于傾故不圖其均安而不得也古特言貧寡之不足患耳至貧寡之何以不足患不顯示也關之則必患患之則必慕慕無貧與無寡乎慕無貧無寡而並無傾也惟慕無貧無寡而

盖無傾故雖不患貧寡而非拙也意無紛營利有兼獲盖有國然而有家亦然也事有相因功非倖致盖有國然而有家亦然也寡謂云乎哉迂濶云乎哉

避實擊虛語語從空中結撰而鑄意鍊格警醒玲瓏特有两英先秦風骨　原批

崇論閎議酷非才人所難此更一洗而空只着筆盖字䟫抱上遞不患傳出題中神理宵然空然徑路都絕

蓋均無貧　三句　陳際泰

（破承都從蓋字）（承不紐捏和傾只釋）

觀均安之效而知不患貧寡之由也夫不患貧寡豈忘貧寡也哉

（小二句語意一何大方）

亦以一均安自有以豫達其源而已矣且有國家者日有憂貧寡

之公而終無卻貧寡之術已不可以辭其所患矣而乃犯其不均

（是三無字落脈）

不安之事以要之非徒不免目前貧寡之患又將旋生意外傾亡

（此段極悍有力如虎）（分傾字是意外）

之禍焉雖欲長守今日其可得乎吾有道於此能取理道之名之

（二字更好）

高而後食其寔能培國家之計之大而亦與其榮即所謂均安也

（理境則題自融不是穿插字面）

乎夫不均不安有其源生於患貧患寡之心日相侵劇以為不堪

之事勢必至於不和貧寡亦有其源生于不均不安之心日相嫌

小題閱截文選　論語

接淸緊湊此處乃不黏寫字

忌以尋不振之櫛勢必至于自傾乃均則無貧矣不止于分雖寡

妙在後面

貧也而心有餘貪自止于分雖貧富也而心有餘憂乃和無寡矣

都只自然

直下

不均則不和雖衆猶有爭也而病于自散能均則能和雖寡無憂

也而足於無爭乃安則無傾矣君臣之間不安則雖富強也而枝

全本撥識者常有旦夕之虞君臣之間既安則雖瘠弱也而際杜

妙蓋寔

神王數國自銷窺伺之萌然則貧寡不患而均安是患計非迂也

以下俱是摹寫口吻

君子上觀千世下觀千世閱其成敗之際知其維致之由昔之爲

大題五開蓋寫神理並到

是言也非徒理道之言而無經濟之美觀其所以然而知其必然

欽其說通達治體循之而有其方奉之尊所聞也非徒浮游之巷

而無綜核之恩推其言之意參以心之宜即其說槩括大端詳之而有其故夫人臣之義憂當先其大者國既傾亡不利不獨在君人臣之計憂當先其本者勢既均安所利不獨在無貧寡由此言之不患貧寡而患不均安非其總意乎是也不均不安以為有大于貧寡者矣能均能安以為有過于不貧不寡者矣季氏可無知乎。

（况鬱頓挫　只結上　文者手）

只釋解上兩句所關之言不另添夫子自己議論和與無傾猶之說書襯墊點撥手眼均安貧寡互配乃融會貫通大意此皆從一個蓋字得意蓋字神理透則紐搜穿揮自不費打疊矣　呂

晚村

洗淨面孔與天下關真寬力量雄勁傑特移乎秦漢之音又不諱一合文色澤其中淺深層次精細非常而不滑指之為王唐時文之法東鄉所謂時文不朽之業不讓李杜韓歐者此可以當之朱廉一

孟均無　陳

和無寡

下江鄧宗師歲入
常州府學一名　黃子儀

寡有所以無患者非和無以致之也蓋季氏惟求免於寡故雖不和而弗恤也豈知和斯無寡彼徒患寡者亦奚益哉且人臣係君之令

筆意俯○古秀

以享其祿於是乎有人是人之隸于臣之家者皆其隸于君之朝者也君實有其臣時敢與君衡彼此君實有其民時得與君計公私此國君臣之常分而即為〻臣者計之其所以佐民人利後嗣道亦無踰于此彼季氏患寡而欲取顓臾非以如是則無寡哉頗吾念之始也作三軍而各有其一総也舍中軍而兼有其二其求無寡之術不為不工矣而何以患寡猶如是且隱民取食既樹恩于國中而滅項

側○注和○字因一邊○對○針季氏

○先○就○季○氏○意○中○洗○出○寡

取軾復戚行于境外其謀無寡之心不為不深矣而何以惠寡終如

三○比○發○處○未○稍○問○以○患○寡○之○疑○後○從○反○面○正○面○自○醒○

是論弁氣之積既久則不足于理者必將假夫勢以自全故民開日

益猶生分外之求嫌隙之構已深則有愧于己者必將藉夫人以自

立故羽翼既成猶存寡助之慮是季氏之常見其寡亦惟不和故耳

而如其由均而和焉而豈憂此哉君臣本猶一体和也者所謂惇一

体之誼也臣戴其君曰此吾腹心則君亦護其臣曰此吾手足君心

凛○拆○然○卻○憲○觀○

嚮之則一人而非寡矣而況甘棠之澤湲世猶追思之緇衣之賢下

有○死○寡○之○理○便○有○死○不○舞○之○實○說○來○最○為○軒○爽○圓○暢○

邑猶歌舞之焉有君臣之際休戚與共而無貳心而羣情不為之大

死寡○止用渾說便○足

服也乎雖曰家賦不可百乘而衆志之孚正未可量耳上下本宜一

心和也者所謂成一心之治也臣尽其忠曰惟辟作福惟辟作威則君亦念其臣曰惟汝不伐惟汝不矜君心任之則與情大可見矣是（无寡意亦所括）故季友乃心公室而魯人喜其來歸文子尽心三朝而大國舒其國辱焉有上下之際道義相維而無逆志而物情不爲之大快也乎雖曰食采不過一成而億兆之戴正未可限耳故今日而爲季氏謀曰爾欲無寡尚其出甲于家墮郈于國还政于公則季氏必大疑之而（轉絕自然理明意快）不知惟不凶于爾國者乃能無害于爾家遠慮者所以弟患無寡之（指点懷切）原也不然嫌隙漸深不和甚矣而羽翼之成寧有濟乎抑今日而爲季氏計曰爾欲無寡其勿僭私民之征勿僣公民之賦勿擅礼樂征

和無寡　　黃

伐之權歸二臣亦必大畏之而不知惟有功于國者乃能自托于國均分者所以自有無寡之幾也不然異端日積不和甚矣而民人之（勢去前二）附其背與乎三臣誠忠于夫子其惟使之和焉可也（此作文辨）

無寡二字不必呆流弊寔業從和字中看出確然不易之理說得光明正大以此針對季氏極得聖人親切指点之意情詞明暢正是看題得解耳

和無寡

江蘇鄭宗師歲入
荆溪縣學一名　儲麟趾

和之效因乎均上下相忘于寡矣夫天下之不和者無往而非寡也有國有家者既因均以致和而尚何患哉夫子意謂國家值離心離德之餘而徒傷既寡既繁之業雖億萬人如無一人也將何恃以無恐耶吾謂衆寡原無一定之形而和衷自有共濟之理使堂廉共底于輯睦斯國勢亦覺其改觀正非僅齊上之無憂已也如均固無貧矣雖然均之至而無爭者不即為和耶曰元首曰股肱明乎聯為一體者原自有其相濟之美若其和之不講也則上下之間亦既判而為二矣而臂指之相及後何以成濟之有衆之

形曰建邦曰食采明乎堂陛泰交者固自有其同心之雅若其和之不事也則君臣之際亦已隱如敵國矣而號令之所加又奚以成星羅環衛之勢若然不和者之患寡實也而均者之務出于和從可知矣和必使之無相逼之心而後請共可以共敦念乎文之為輔也固以骨肉而備心膂者也其時孟叔並建誰不以為和同濟美哉今何為而獨不然誠由家國之既均以遞進焉將臣也凜咫尺之天威而君也即篤笙簧之雅誼由是而風聞四境其執干櫓以衛社稷者且比比也則不必命中軍都百雉而已可以無寡抑和必使之無相陵之志而後神聽可以共諧念元子之就封也

起筆沉鬱

帶上為字浮脈

略帶晉事總醒不患寡意

固厚賢親而戚攜貳者也其時宮府無二離不以為和氣所釀哉
今胡為而獨不然誠由家國之既均而馴致焉將內焉者協謀臣
截之規而外焉者即共恩樂侮之略由是而播諸草野其效奔走
而作干城者且接踵也則不必征父兄征子弟而自可以無寡蓋
起華健
從公者所以化植黨之私處家國之中而私相比附以為不寡而
已寡也一旦君臣協和龍光有燕喜之文而有位著虎共之節處
其下者孰不公爾忘私乎吾未見公爾忘私者而猶不獲夫忝徒
對竦警拔
之助也且交贊者所以萃羣下之渙處家國之中而人各有心以
之為寡則誠寡也一旦上下不攜置赤釋猜嫌之憾而書思矜風

夜之既爲之下者孰不國爾忘家乎吾未見國爾忘家者而猶不免于聲勢之孤也則甚矣和之不可不務也自和之後而疑忌潛消國與家安于磐石矣而不然者害有網國將傾覆是懼而又奚暇遠略之是圖哉

似此直可當得一穩字　馮泰來

和無寡　儲

蓋均無貧 三句

韓菼

申言不足患之故一均而俱無患矣夫均則必和而貧寡二患俱亡矣此所以常安而不至於傾也夫今夫君臣之分家國之封先王之所以均天下也自家與國競而覬覦之念亟而相疑之勢成卒亦不能自固非徒不均不安之所至尚忍言哉誠反而善其救則相因而至之故有前人所已言而猶未備言之者吾故述所聞而復尋繹之今夫有國有家者山川車服賜姓命氏豈不欲計長久哉然往往有莫必其後世之慮其憂傾也實其天至於傾則不安極矣有求貧與寡而不得者此無異故上下臣相猜不和之所致

以挽頹字逆勢折入

反揭扣字

也而要其始亦患生於多欲不能均而已矣雖我所聞言均而及安然而國家欲明制度協分誼然前業先自均始有如均矣有土者得守其以封有爵者退食其賜邑豈復有分公室而倍其入者與夫人亦第患貧耳吾不見兢兢祇奉其先緒者而獨憂夫不足也不益我之所無自不失我之所有則吾得以所聞於均者而通

舉聯而下伏脈最微

之同無貧夫至於無貧則無寡已可知矣何也以均焉則已和也有如和矣君不疑於其臣臣不二於其君豈復有因公徒以自相猜者與夫人人亦第患寡耳吾未見雖然克致其交忻者而猶慮夫不與與也我既能得之於上亦自能得之於民則吾得進和之說

於洪而決之曰無寡無貧無寡則亦可統之曰無傾矣何也以均而和焉則已安也有如安矣上不必有漸替之憂下不必有自危之意夫豈有援大國以自圖存者與夫人亦第患傾耳吾未見泰然各奠其丕基者而猶慮夫或隕越也不汲為自全之謀自必享克全之業則吾得於均而安者而究極言之曰無傾大至無傾則新以為子孫計者至深遠矣而其致之無異故安耳均而安耳今夫以欲以小心求之是百出於傾之一途以求無傾也百出於傾之一途以求無傾者毋其言豈得不和而已耶

似整而實化觀一結一起則知中二段如題二意泯其跡也其神則無二迹也

和無寡　　魏銈

和即寓於均之中故知寡之不必患也夫國家不和將有不立於
寡者若均則已和矣而又何寡之足云今夫寡之為說乃好事者之
所急欲思去以求免於貧者也然吾謂充彼患寡之心不惟不能免
貧而且可以致寡若合之人之不患者則又自有說大抵天下見少
之象未有不由於兩地之相爭者也天下相爭之釁又未有不由於
（如高山出雲風雨驟至）
兩情之相忌者也國患寡而取之家家又患寡而取之國果孰是宜
於寡者又孰是甘於寡者噫其亦不和甚矣而要自既均之後則無
（文換和字倒按均字斡旋有法）
（二比遣筆爽快說理洞徹）
總此情之攸分彼與此而已夸乎彼此之迹則歧焉而見寡洽乎彼

此之類則統焉而見多多不多於國家之勢而多於有國家者之心

蓋惟和則互相親互相親則互相理也夫苟以寡為患雖使不寡而

就論之精

亦患若懼不和而患以不均為患雖甚寡亦不足患也矧其又無之

也則夫彼此之迹微論心不互存也即以勢而言亦不庸設也矣一機

之所係得與失而已日生得失之見則日前時形其寡日泯得失之

懷則後世且形其多多不多於國家之數而多於有國家者之理益

句中有眼

惟乎則交和成交相成則交相足也夫苟以寡為患且將恐人之不

受為妙絕

以為吾患若以不均而即致不和為患雖他人甚多亦不足為吾

也矧或又無寡也則夫得失之見微論理不可有也即以數而言

亦不屑計也矣君子以是知和之爲貴也夫和所由起實起於均則均之效非僅無貧而和之效亦非僅無寡然後知古人之患不均者誠思深而慮遠矣柰之何欲爲子孫計而以救貧之心生其蓋寡之說其不至於傾覆也者幾希

一語千鈞

蛛絲馬跡之思排山倒海之力直可籠蓋百家　汪太尊原評

不區區從均出和直從患寡領入却句句是帶均字來說亦不區區明疏如何是和如何是無寡而實義却極一一透亮於此道有千手千眼　黃芳思

和無寡安無傾

北直劉宗師歲覆
入南樂學一名　魏大名

寡與傾之並無也，而和與安尚矣。夫和由均而生，而安不從可見乎。勞是則無寡無傾矣。有國家者宜何患焉。嘗謂群情無拂，則歸附者多；國勢攸張，斯拱衛者固。古之開國承家者，不斤斤于私計，而情以聯之，勢以貧之，卒之衆志成城，有基無壞，大得民而邦永昌者，道準于天下之至均，而策出萬全也。有如均無貧矣，而有不和者乎？今夫國家之患貧，而先不免于患寡也。億兆殷蕃之象，時歷乎懷來，而憂勞終莫補其後，則于既寡而患之，何如于未寡而圖之。蓋萬物爰處之數，恒由一念之和乖，使形迹或閒，而上猜其下，將私邑之民携矣。

下貳其上將公室之勢渙矣不和固未有不寡者也茲既由均而和
一人無畏逼之嫌而股肱心膂倚毗專焉庶職有可白之衷而父母
元后翼戴殷焉吾見一德相孚共切撫綏之猷郎各司統馭之任公
徒三爵何莫非兆邦啓宇之舊其改之也參國百乘何莫非宗卿世
守之常其廢之也無詐無虞者在朝廷卜宅卜隣者在草野錫土分
民有不待十年生聚而熙穰各足者矣秉塞淵而致繁盛豈若參差
疑忌之朝綴版圖式廓而民心不附終不免于寡也哉又思均且和
矣而有不安者乎今夫國家之患貧寡而若深慮其或傾也顛覆危
亡之恐時切于瘝瘝而焦勞卒無救其終則于將傾而憂之何如于

未傾而弭之蓋萬物成敗之原恒視人情之安否使彼此各處而以
尊陵卑將忠勳莫保其後矣以卑抗尊將尾大致于不掉矣不安圖
未有不傾者也茲既由均而和且安大君有必擅之權而咸福王食
罔敢弁髦諸臣飭自靖之節而堂廉天澤罔敢逾焉吾見康居無事
自萁苞桑之固總非貽蔓草之圖一體相關如指臂之使則嫌隙不
生奚自而萌亂寒也四門皆穆如子弟之衛則僭竊無從奚自而啓
術僭也無反無側者在人心寖昌寖熾者在國運致治保邦有不待
數世詒謀而豪業可安者矣擴宏基而垂後裕豈若誚張机桯之邦
縱規模粗就而國本已搖或且至于傾也哉此則不均不安之所以

安○字○暢○造

論○無○頗○細○切

有○韻○米○有○氣○焰

宜患也求也胡不關焉

股頭領清來脉屹立。二偶詞義嚴正。氣力渾雄。卓然傑搆。招覆日知。此童年始十六。閱文更勝正卷。從此不懈。吾安能量其所至哉。劉紹聞先生原評

學驗清醒。詞義煥發。少年英鋭之氣。老成練達之理。可以叅國是。兼治安。洵屬有目共賞。黃于厚